Autogenes Training

Prof. Dr. med. Dietrich Langen
unter Mitarbeit von Prof. Dr. med. Karl Mann

do
not
disturb

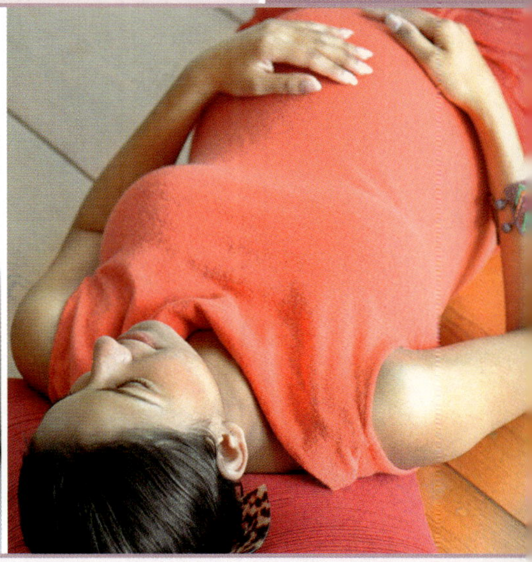

DIE AUTOREN

Prof. Dr. med. Dietrich Langen war von 1965 bis zu seinem Tod 1980 Ordinarius für Psychotherapie und medizinische Psychologie und Direktor der Klinik und Poliklinik für Psychotherapie, Universität Mainz. Die von ihm erarbeitete gezielte oder steuernde Analyse, das Autogene Training und die von Professor Ernst Kretschmer entwickelte Gestufte Aktivhypnose waren Schwerpunkte einer außerordentlich fruchtbaren Forschertätigkeit. Nach über vierzigjähriger Erfahrung mit der ärztlichen Vermittlung des Autogenen Trainings beschäftigten ihn in den letzten Jahren mehr und mehr Überlegungen, wie das Autogene Training den Menschen direkt und auf unkomplizierte Weise zugänglich zu machen sei. Diese Überlegungen führten schließlich zu der vereinfachten Form des Autogenen Trainings, die er in dem Manuskript für dieses Buch niederlegte.

Prof. Dr. med. Karl Mann, Jahrgang 1948, war Schüler und Mitarbeiter von Dietrich Langen. Seit 1999 ist er Lehrstuhlinhaber für Suchtforschung an der Universität Heidelberg. Nach dem Tod von Professor Langen übernahm er auf Bitten von Frau Margarethe Langen und des Verlages die Aufgabe, das von Herrn Professor Langen hinterlassene Manuskript auch für die vorliegende Neuausgabe zu überarbeiten.

Ein Wort zuvor

Im Laufe der vielen Jahre, in denen wir das Autogene Training vermittelt haben, lag uns als Rat für den Anfänger stets ein Satz besonders am Herzen: Das Wichtigste am Autogenen Training ist, dass man es macht. Denn was für die meisten Bereiche im Leben gilt, gilt auch fürs Autogene Training – die Erfahrungen, die jeder selbst macht, sind durch nichts zu ersetzen. Deshalb ist dieses Buch sehr praxisorientiert – und es vermittelt eine vereinfachte Form des Autogenen Trainings, die sich auf die Grundübungen beschränkt. Warum?

Zum einen ist das Autogene Training in seiner vereinfachten Form eine praktische Entspannungsmethode, die jeder Gesunde jederzeit für sich anwenden kann. Sie ist so leicht zu erlernen, so unproblematisch und so schnell durchzuführen, dass Übende ihm erfahrungsgemäß länger treu bleiben, als wenn sie versuchen, die ausführliche Form des Autogenen Trainings zu erlernen. Diese ausführliche Form, wie sie Johannes Heinrich Schultz in den 20er-Jahren entwickelte, ist wesentlich komplexer, erfordert mehr Geduld und Durchhaltevermögen. Sie enthält eine Reihe von Übungen, die fast alle Organe des Körpers beeinflussen. Weil es dabei zu Störungen kommen kann, sollte diese Form nur unter ärztlicher Anleitung und Überwachung geübt werden (mehr dazu ab Seite 96). Dann allerdings ist dieses Training eine bewährte Therapie bei vielen Beschwerden und Krankheiten.

Im Gegensatz dazu steht Ihnen mit der vereinfachten Form des Autogenen Trainings bald ein wunderbares Mittel zur Verfügung, um sich jederzeit und überall blitzschnell zu entspannen und neue Kräfte zu sammeln. Die tiefe Entspannung, in die Sie sich zu versetzen lernen, ist Voraussetzung für das Zusatzversprechen des Autogenen Trainings: Die Konzentration auf so genannte Leitsätze hilft Ihnen, mit Alltagsproblemen besser fertig zu werden und unerwünschte Verhaltensweisen zu verändern – zum Beispiel Stress abzubauen, mit dem Rauchen aufzuhören oder Schlafstörungen zu beheben. Denn durch das Autogene Training lernen Sie, mit der Kraft Ihrer Gedanken Ihren Körper und Ihre Seele positiv zu beeinflussen.

Prof. Dr. med. Dietrich Langen
Prof. Dr. med. Karl Mann

Erholung für
Körper und Geist

Autogenes Training entspannt nicht nur körperlich, sondern trainiert auch den Kreislauf, die Konzentrationsfähigkeit und lehrt Sie, Körper und Geist mit der Kraft Ihrer Gedanken zu beeinflussen. Sie sind in fünf Minuten entspannt und fit, Sie schlafen wunderbar, kalte Hände und Füße sind vergessen, im Sport sind Sie leistungsfähig wie nie, Sie lernen mit Leichtigkeit, und Ihr Gedächtnis spielt Ihnen so schnell keinen Streich mehr.

Über das Autogene Training

Autogen kommt aus dem Griechischen und bedeutet selbsttätig. Autogenes Training ist demzufolge eine Entspannungsmethode, die es jedem ermöglicht, sich selbst durch Konzentration zu erholen. Dabei helfen einfache Leitsätze, die so genannten Formeln. Das Ziel der konzentrativen Selbstentspannung ist es, durch regelmäßiges Üben mehrmals am Tag in den Zustand der organismischen Gesamtumschaltung zu kommen. Diese Umschaltung ist sowohl eine körperliche als auch eine geistige Entspannung und als Zustand dem Einschlafen verwandt. Im Gegensatz zu diesem können sich Körper und Geist in der völligen Entspannung jedoch auch untertags ganz auf die Schnelle erholen und so neue Kräfte sammeln. Dabei nehmen Sie – anders als bei einem Nickerchen – die körperlichen Entspannungsvorgänge bewusst wahr: Die Abnahme der Muskelspannung spüren Sie als Schwere und die vermehrte Durchblutung der Haut als Wärme.

Den Alltag vergessen

Das Prinzip des Autogenen Trainings ist einfach: Durch die wohlige Besinnung auf die Schwere und die Wärme Ihres entspannten Körpers verlieren die Reize der Außenwelt an Bedeutung. Unangenehme Gefühle werden weniger wichtig, Sie können gelassener reagieren. In der Wissenschaft wird der Effekt eine immer bessere affektive Resonanzdämpfung genannt (siehe Seite 10). Auf dem Boden dieser Umschaltung bieten individuelle Formeln, die wie Leitsätze wirken sollen, jedem die Möglichkeit, seine Selbstheilungskräfte zu stärken, mit Problemen besser fertig zu werden und seine Persönlichkeit weiterzuentwickeln. Voraussetzung für diese Erfahrung ist es jedoch, die zwei bis drei Minuten dauernden Übungen regelmäßig täglich durchzuführen. Dann können Sie sowohl im körperlichen als auch im seelischen Bereich immer besser die Balance zwischen An- und Entspannung finden: Ihre Grundhaltung und Ihre Lebenseinstellung werden gelassener. Gleichzeitig hilft Ihnen die regelmäßige Konzentration auf die Formeln, Ihre Konzentrationsfähigkeit zu verbessern.
Zusammenfassend lässt sich daher sagen: Das Autogene Training ist eine Entspannungsmethode, die den ganzen Menschen betrifft. Sie wirkt beruhigend, lösend und regenerierend auf Körper, Seele und Geist.

Was im Körper geschieht

Die tief reichende Entspannung und die bessere Durchblutung – Schwere und Wärme – werden über das Nervensystem gesteuert. Um dies nachvollziehen zu können, ist es notwendig, die Funktionen des Nervensystems zu kennen:

- Das Zentralnervensystem (Gehirn und Rückenmark) verarbeitet unter anderem die Reize der Außenwelt und verbindet so Körper und Umwelt.
- Das vegetative (autonome) Nervensystem – auch Vegetativum genannt – reguliert vor allem Atmung, Blutkreislauf, Stoffwechsel, Wärme- und Wasserhaushalt des Körpers. In den Phasen der Anspannung und Leistungsbereitschaft überwiegt dabei der vom so genannten sympathischen Nervensystem (Sympathikus) gesteuerte Anteil. Dagegen werden Phasen der Ruhe, der Regeneration, der Verdauung und der Ausscheidung vom parasympathischen Anteil bestimmt. Diese Vorgänge sind normalerweise nicht dem Willen unterworfen. Und genau hier setzt die Wirkung des Autogenen Trainings ein.

Mit Hilfe des Autogenen Trainings wird ein gewisser Einfluss auf zuvor unwillkürlich ablaufende Vorgänge im vegetativen Nervensystem ausgeübt. Im Wesentlichen bedeutet dies, dass der parasympathische Anteil nach und nach überwiegt. Wie das Ganze funktioniert? Muskelfasern, die bewusst entspannt werden, teilen diese Entspannung über Nervenimpulse bestimmten Hirnregionen mit. Von dort aus werden verschiedene Funktionen zentral gesteuert, so dass sich – sehr vereinfacht ausgedrückt – die Entspannung nun auch auf diese anderen Körperfunktionen überträgt.

Was bringt das Training?

Indem das Autogene Training den Spannungszustand der gesamten Muskulatur (Muskeltonus) vermindert und dadurch der allgemeine Wachheitsgrad sinkt, können Sie aktiv gegen viele Nebenerscheinungen des modernen Alltags angehen, wie Stress, Einschlafschwierigkeiten oder Konzentrationsstörungen. Sie werden fitter, leistungsfähiger und ausgeglichener, und selbst das ein oder andere persönliche Laster lässt sich mit Hilfe des Autogenen Trainings überwinden.

Hilfe bei Stress (Affektive Resonanzdämpfung)

Störende Empfindungen wie Angst, innere Unruhe oder Deprimiertsein können mit Hilfe des Autogenen Trainings in vielen Fällen völlig abgebaut oder zumindest neutralisiert werden. Johannes Heinrich Schultz, der geistige Vater des Autogenen Trainings, nannte diese hilfreiche Wirkung affektive Resonanzdämpfung, was sich in etwa mit Milderung gefühlsmäßiger Reaktionen übersetzen lässt.

Anschaulich macht dies das Beispiel des Waldhornisten: Sein mächtiges Blasinstrument wird in einem Musikstück meist sehr selten gebraucht. Kommt dann endlich sein Einsatz, muss der Hornist auf Anhieb den richtigen Ton treffen. Stellen Sie sich

INFO

REGELMÄSSIG ÜBEN

Durch regelmäßiges Üben gelingt es Ihnen, ganz bewusst auf den Spannungszustand der Muskulatur einzuwirken. Ein gutes Beispiel dafür ist der so genannte Pendelversuch, wie Sie ihn auf Seite 33 kennen lernen.

nur vor, in welcher Anspannung so mancher Waldhornist ein Konzert durchstehen muss. Diese Angst vor dem Einsatz ist ein Beispiel für genau die Form von Stress, die sich mit Hilfe des Autogenen Trainings sehr gut abbauen lässt.

In fünf Minuten erholt und fit

Wir leben in einer Zeit, in der die meisten Menschen einem unbändigen Termindruck ausgesetzt sind. Auch deshalb arbeiten die meisten von uns ohne längere Mittagspause durch – egal ob im Büro oder bei der Hausarbeit. Während man früher die Arbeit nach mehrstündiger Mittagspause oder Mittagsschlaf ausgeruht fortsetzte, ist es heute üblich, nicht mehr als eine halbe Stunde Auszeit zu nehmen. Und auch während dieser Zeit hetzen wir uns ab: schnell in die Kantine, das Kostüm in die Reinigung bringen, ein Schulbuch für die Kinder besorgen ... Trotzdem sollen wir auch in der zweiten Tageshälfte die gleiche Leistung erbringen wie am Vormittag, obwohl sich ganz natürliche Ermüdungserscheinungen einstellen. Wesentlich besser erholt gehen Sie in die »zweite Runde«, wenn Sie die Mittagspause nutzen, um mit Hilfe des Autogenen Trainings richtig abzuschalten. Denn der Erholungseffekt ist enorm groß.

Einschlafen ohne Probleme

Unsere Welt wird immer hektischer. Gerade wenn Sie in einer Großstadt leben, können Sie sich dem Stress kaum entziehen. Eine der häufigsten Folgen dieser steten Dauerbelastung sind Schlafstörungen. So ergab eine Umfrage in einem Autogenes-Training-Volkshochschulkurs, dass bis zu 40 Prozent der Kursteilnehmer unter Schlafstörungen litten. Da es Menschen mit Schlafstörungen meist auch in anderen Situationen schwer fällt, sich zu entspannen und loszulassen, brauchen gerade sie Autogenes Training, um wieder gut schlafen zu können.

Erleichterung bei Schmerzen

Es gibt viele Lebenssituationen, in denen wir Schmerzen mildern, nach Möglichkeit sogar ausschalten möchten – beim Zahnarztbesuch zum Beispiel oder während einer Entbindung. Wer das Autogene Training beherrscht, wird feststellen, dass die üblichen Schmerzen wesentlich geringer sind.

Warme Hände und Füße

Zählen Sie auch zu den Menschen, deren Hände oder Füße ständig kalt sind? Vor allem Frauen leiden an diesem Zustand, der zwar nichts Krankhaftes darstellt, von den Betroffenen aber als sehr unangenehm empfunden wird. Auch hier kann Autogenes Training helfen. Denn die Wärme-Übung kann gezielt zu einer Verbesserung der Durchblutung in Händen und Füßen eingesetzt werden.

Leistungsfähiger im Sport

Die Erfolge von Spitzensportlern, die das Autogene Training vor Wettkämpfen anwandten, haben eindeutig bewiesen, dass sich damit eine Verbesserung der Muskelleistung erzielen lässt. Ebenso ließ sich die Treffsicherheit von Sportschützen deutlich vergrößern. Auch Lampenfieber, etwa vor dem Start eines Rennens, oder Angst, wie die eines Skispringers, bevor er in die Anlaufspur steigt, können durch die affektive Resonanzdämpfung des Autogenen Trainings vermindert werden.

Konzentrierter beim Lernen

Dass die Lernfähigkeit durch Autogenes Training verbessert wird, begrüßen nicht nur Schüler und Studenten. Schließlich ist es gleichgültig, ob Sie sich etwas für Ihren Beruf einprägen müssen, für eine Abiturprüfung büffeln oder als Medizinstudent die Zweige einer Arterie lernen. Das Prinzip dahinter ist immer dasselbe: Die Aufmerksamkeit soll auf das fixiert werden, mit dem Sie sich gerade beschäftigen. Lernen heißt ja auch, seine Aufmerksamkeit voll auf das zu richten, was man lernen will. Durch kurze Übungen von etwa zwei Minuten Dauer können Sie sich auf bestimmte Konzentrationen einstellen und so verhindern, dass Ihre Gedanken ausbrechen.

> Autogenes Training hilft, die Konzentration zu steigern und Lernblockaden zu überwinden.

Ein besseres Gedächtnis

Wenn Sie das Autogene Training bereits gut beherrschen, steigern Sie aber nicht nur Ihre Konzentrationsfähigkeit. Sie können das im Gehirn gespeicherte Wissen in dem Augenblick, in dem Sie es brauchen, auch besser abrufen. Im Klartext bedeutet dies, dass sich Ihr Gedächtnis verbessert. Sie alle kennen das Phänomen: Sie treffen einen Bekannten auf der Straße, dessen Name Ihnen zwar auf der Zunge liegt, aber im Moment partout nicht einfallen will. Und es wird umso aussichtsloser, je mehr Sie darüber nachdenken, wie das Gegenüber heißen könnte. Ganz schön peinlich. Wenn Sie stattdessen aber Ihre Aufmerksamkeit auf etwas anderes lenken, fällt Ihnen plötzlich ein, wonach Sie vorher krampfhaft gesucht haben. Die Situation ist gerettet.
Ähnlich verhält es sich bei Prüfungen. Hier kann es einerseits durch die affektive Resonanzdämpfung, andererseits durch die verbesserte Abrufbarkeit dessen, was Sie gelernt haben, zu einer Steigerung der Leistungsfähigkeit kommen.

Gezielte Hilfe bei Problemen – mit individuellen Formeln

Zuletzt soll noch auf eine besondere Wirkung des Autogenen Trainings hingewiesen werden, die wegen ihrer großen Bedeutung später noch in einem ausführlichen Kapitel beschrieben wird: Es ist die Wirkung dessen, was J. H. Schultz die formelhaften Vorsatzbildungen genannt hat und was in diesem Buch als individuelle Formeln oder wandspruchartige Leitsätze bezeichnet wird.
Keiner von uns ist vollkommen; jeder findet irgendeine Eigenschaft oder Angewohnheit, die ihn stört und die er vielleicht gerne abstellen oder verbessern möchte. Wer Schlafschwierigkeiten hat, möchte wieder gut schlafen können. Der Raucher möchte sich das Rauchen abgewöhnen, der Nervöse gelassener und ruhiger werden. Wer an einem leichten Stottern leidet, will endlich mehr Sprachfähigkeit erwerben und in allen Situationen locker und flüssig sprechen können. Und wer sich nur schwer konzentrieren kann, will lernen, seine Gedanken zu sammeln. All diese Ziele lassen sich erreichen, indem die entsprechende Formel in das Autogene Training hineingenommen wird. Dabei kann sich jeder seine individuelle Formel selbst bilden und mit ihr arbeiten. Wie das gemacht wird, erfahren Sie, sobald Sie die Übungen des Autogenen Trainings beherrschen – im Kapitel »Die individuellen Formeln« ab Seite 76.

JOHANNES HEINRICH SCHULTZ – LEBEN UND WERK

Johannes Heinrich Schultz ist der Begründer des Autogenen Trainings, wie wir es heute kennen. Er veröffentlichte in seinem schaffensreichen Leben über 400 Publikationen und mehrere Bücher. Sein wohl wichtigstes Werk ist »Das Autogene Training. Konzentrative Selbstentspannung« von 1932.

EIN VATER DER PSYCHOTHERAPIE

Seinen Dank für die Würdigungen zu seinem 70. Geburtstag beendete Johannes Heinrich Schultz im schönsten Berlinerisch: »Aber globen Se's mir, ick alleene kenne die Kanaille.« Dieses Statement wirft ein bezeichnendes Licht auf die Bescheidenheit und den Humor des Begründers des Autogenen Trainings. Dabei kann er zu Recht als einer der Väter der modernen Psychotherapie betrachtet werden. Sein Verfahren ist ein Beispiel dafür, wie allein mit psychologischen Mitteln – in diesem Fall durch eine gedankliche Konzentration – körperliche Veränderungen erzielt werden können. Es ist somit im besten Sinne ein psychosomatisches Verfahren. Dieser Umstand sichert dem Autogenen Training einen zentralen Platz in der Entwicklung der Psychotherapie und macht verständlich, warum gerade diese Psychotherapietechnik besonders dafür geeignet war (und ist), mit Hilfe wissenschaftlicher Methoden ihre Wirksamkeit zu belegen.
Vor diesem Hintergrund ist es interessant, ob und wieweit sich die wissenschaftliche Neugierde und das Interesse an experimentellen Arbeiten in der Biografie von Johannes Heinrich Schultz zurückverfolgen lassen.

DAS ELTERNHAUS

Johannes Heinrich Schultz wurde am 20. Juni 1884 in Göttingen geboren. Sein Vater, Hermann Schultz, war Professor der evangelischen Theologie an der Universität Göttingen. Seine Mutter, Julie, war französisch-schweizerischer Abstammung. Die gelungene Mischung aus dem norddeutschen Erbe des Vaters und dem südlichen Esprit mütterlicherseits bezeichnete Schultz in seinen Lebenserinne-

rungen rückblickend als wesentlich für seine »lebenslange wandernde Suche nach Erkenntnis«. Dabei schrieb er »dem romanischen Erbe die Rolle jener Flasche Sekt zu, die den rein deutschen Lebenssäften oft abgeht«.
Aufgewachsen in der »gesund-bürgerlichen Grundstruktur der Familie«, wurde Schultz schon früh bewusst, dass das »Professoren-Elternhaus« durch die vielfältigen Anregungen nicht nur Sicherheit gab, sondern auch die Gefahr in sich barg, ein zu bequemes, nicht selbstbestimmtes Leben zu führen. Er betrachtete sein an sich privilegiertes Elternhaus als ein Leben, das »zu viel ohne eigene Arbeit und ohne eigene Bemühungen schenkt – es wird so viel mit der Atmosphäre eingeatmet, dass nur allzu leicht später ein Scheinwissen und eine Scheinvertrautheit mit geistigen Dingen entsteht, die vielleicht auf den ersten Blick anderen Menschen Eindruck macht, im inneren Wesen aber etwas Geliehenes, etwas Unechtes und nicht wirklich Eigenes hat«.

DIE AUSBILDUNG

Schultz besuchte in seiner Heimatstadt Göttingen die Volksschule und das Gymnasium. Sein besonderes Interesse galt in dieser Zeit der zeitgenössischen deutschen Literatur – von Frank Wedekind über Hugo von Hofmannsthal, Christian Morgenstern und Rainer Maria Rilke bis zu Gerhart Hauptmann und Thomas Mann. Neben dem intensiven Studium des Schöngeistigen interessierte er sich aber zugleich nicht weniger für die Naturwissenschaften, die sich zu Beginn des letzten Jahrhunderts gerade in bedeutendem Ausmaß entwickelten. So erhielt beispielsweise Wilhelm Conrad Röntgen 1901 den ersten Physik-Nobelpreis für die 1895 von ihm entdeckten und nach ihm benannten Strahlen. Albert Einstein entwickelte seit 1905 seine Relativitätstheorie.
1902 begann Schultz in Lausanne Medizin zu studieren. Bereits nach einem Semester jedoch kehrte er nach Göttingen zurück. Einer seiner damaligen Kommilitonen war der spätere Mediziner und Philosoph Karl Jaspers (1883–1969). Zurückgekehrt in den Schoß der Familie, galt seine Aufmerksamkeit von nun an vor allem der menschlichen Physiologie. In besonderem Maße beschäftigte er sich auch mit den in diesem Lehrbereich üblichen Experimenten.
Wenig später führte ihn ein Studienjahr an die Universität Breslau, wo er – beeindruckt von dessen Arbeit – sechs Monate in der Klinik des Psychiaters Karl Bonhoeffer ein Praktikum absolvierte. In diese Zeit fallen auch Schultz' erste Erfahrungen mit der ärztlichen Hypnose – ein Verfahren, dem er noch lange treu bleiben sollte. Seine Vorliebe für diese Methode wuchs gegen Ende des Studiums noch weiter und erweiterte sich auf die Lehre der gesamten Psychiatrie und Psychotherapie der damaligen Zeit.

DIE ERSTEN LEHRJAHRE

Zurück in Göttingen, machte Schultz sein Examen, ehe er nach Breslau zurückkehrte, wo er seine ersten ärztlichen Erfahrungen sammeln konnte. Die Arbeit an der dortigen medizinischen Poliklinik gab ihm ausreichend Gelegenheit, sämtliche internistischen Krankheiten ebenso kennen zu lernen wie immer wiederkehrende Notfallsituationen. Zugleich gewann er Einblick in die große Häufigkeit rein funktioneller, nervös bedingter Störungen des menschlichen Körpers und deren Auswirkungen auf Gesundheit und Wohlbefinden.
Schultz' weitere Ausbildung war gekennzeichnet durch häufige Ortswechsel. Auf diese Weise war es ihm möglich, sich mit dem gesamten Spektrum der Medizin seiner Zeit auseinander zu setzen. Seine Vorliebe für Psychiatrie – und insbesondere für Psychotherapie – setzte sich jedoch zunehmend durch. Schließlich trat er an der Universität Jena in die Klinik für Psychiatrie als Assistent ein. Hier intensivierte er seine wissenschaftlichen Tätigkeiten, so dass er sich zu Beginn des Krieges – obwohl bereits zur Wehrmacht eingerückt – in Jena habilitieren konnte.

DIE ANFÄNGE DES AUTOGENEN TRAININGS

In den Jahren zwischen den beiden Weltkriegen beschäftigte sich Johannes Heinrich Schultz immer intensiver mit dem Autogenen Training und der Entwicklung der Psychotherapie als einer wissenschaftlichen Methode. Schultz war einer der Mitbegründer der Allgemeinen Ärztlichen Gesellschaft für Psychotherapie (AÄGP), die 1926 ins Leben gerufen wurde. An der Entwicklung dieser Gesellschaft und dem fruchtbaren, zum Teil aber auch kontroversen Austausch der verschiedenen psychotherapeutischen Schulen nahm Schultz bis zu seinem Tode 1970 immer wieder regen Anteil.
Nach dem Zweiten Weltkrieg ließ er sich in Berlin in eigener Praxis als Nervenarzt nieder. Neben der therapeutischen Tätigkeit war er in den Nachkriegsjahren zunehmend als Redner und Vermittler »seines Autogenen Trainings« gefragt. In diesem Zusammenhang fand er nationale und internationale Anerkennung.

WISSENSCHAFTLICHE GRUNDLAGEN

Die naturwissenschaftlich-experimentelle Herangehensweise an psychotherapeutische Fragen unterschied Schultz von vielen Protagonisten der psychotherapeutischen Entwicklungen in den ersten Jahrzehnten des vergangenen Jahrhunderts. Es war für ihn selbstverständlich, auch in der Psychotherapie Einzelbeobachtungen einer empirischen, experimentellen Forschung zu unterziehen und Erfahrungen intersubjektiv verifizierbar zu machen – wie man es in dieser Zeit vor allem aus den Naturwissenschaften kannte. Spätestens in diesen Jahren hatte ihn seine

frühe Begeisterung für die Naturwissenschaften, die er bereits als Schüler in Göttingen hegte, wieder eingeholt. In diesem Sinne notierte er bereits 1921 »... so ist in der Psychotherapie trotz fast überzahlreicher geistvollster Spekulationen noch sehr viel unbearbeitet und von kritisch-methodologisch einwandfreier Arbeit noch mancher Aufschluss zu erwarten«.
Er selbst hielt sich – im Gegensatz zu zahlreichen zeitgenössischen Kollegen – geradezu penibel an diese wissenschaftlichen Grundsätze. So gelang es ihm zwar bereits kurz nach dem Ersten Weltkrieg, bestimmte immer wieder berichtete Phänomene während der Hypnose zu erkennen und zur Grundlage der Selbsthypnose des Autogenen Trainings zu nutzen. Dennoch dauerte es nochmals mehr als zehn Jahre, bis er sein Verfahren in der ersten Auflage seines Buches »Das Autogene Training« (1932) veröffentlichte. Die dazwischen liegende Dekade war geprägt von intensiven Experimenten, Beobachtungen und systematischen Einzel- und Gruppenbehandlungen mit Autogenem Training. Unter Ausnutzung aller damals verfügbaren physiologischen Methoden, wie zum Beispiel der exakten Temperaturmessung an Hand und Fingern mittels eines Messgerätes der Firma Carl Zeiss, gelang es ihm schließlich mit Herbert Binswanger, einem seiner Mitarbeiter, die Erwärmung an Händen und Fingern während des Autogenen Trainings eindeutig nachzuweisen.
Vor diesem wissenschaftlichen Hintergrund wurde Schultz einer der wichtigsten Vertreter der aktiv-klinischen Psychotherapie. Im Gegensatz zu der abwartend beobachtenden Haltung der diversen psychoanalytischen und tiefenpsychologischen Schulen propagierte Johannes Heinrich Schultz – unter anderem auch gemeinsam mit dem Tübinger Psychiatrieprofessor Ernst Kretschmer – eine aktivere Vorgangsweise, in der auch Ratschläge und konkrete Übungen ihren Platz haben.
Sein überragendes Interesse an der wissenschaftlichen Nachweisbarkeit des Autogenen Trainings nahm vorausschauend den heute vorherrschenden Ansatz einer evidenzbasierten Medizin beziehungsweise einer evidenzbasierten Psychotherapie vorweg.

AUSSICHTEN

Zu Beginn des 21. Jahrhunderts ist der Ansatz von Johannes Heinrich Schultz aktueller denn je. Schließlich fordert die evidenzbasierte Medizin heute den Nachweis der Wirksamkeit für alle angewandten Therapieverfahren. Allein von dieser macht sie den Einsatz und die finanzielle Abgeltung abhängig.
Rückblickend kann daher festgestellt werden, dass Johannes Heinrich Schultz hierfür im Bereich der Psychotherapie ein wahrer Pionier war.

Die Vorteile der vereinfachten Form

Die ausführliche Form des Autogenen Trainings nach J. H. Schultz sollten Sie nur unter Anleitung eines erfahrenen Therapeuten erlernen. Im Gegensatz dazu können Sie sich die vereinfachte Form, wie sie in diesem Buch gezeigt wird, ohne Schwierigkeiten selbstständig aneignen.

Die vollständige Form ist sehr aufwändig

Viele Therapeuten erleben in der Praxis immer wieder, dass Patienten das Autogene Training nach Schultz nicht richtig erlernen oder nicht regelmäßig durchführen und schließlich sogar wieder aufgeben. Der Grund für dieses Scheitern ist oft ganz einfach. Das Autogene Training, wie es J. H. Schultz entwickelte, enthält eine Reihe von Übungen, die fast alle Organe des Körpers beeinflussen. Und weil es dabei hier und da zu Störungen kommen kann, ist es verständlich, dass Schultz für sein Autogenes Training eine ärztliche Anleitung und Überwachung forderte. Doch genau da beginnt für den Lernenden die doppelte Schwierigkeit: Nicht jeder hat einen Arzt in der Nähe, der ihm das Autogene Training vermitteln kann. Nicht jeder hat die Zeit und bringt die Geduld auf, regelmäßig zu Übungsstunden zu gehen. So kommt es, dass viele Menschen vorzeitig aufgeben – sei es, weil sie mit dem umfangreichen Programm nicht zurechtkommen, weil es für sie zu aufwändig ist oder weil sie nicht lange genug und nicht richtig üben. So kann der charakteristische Entspannungseffekt nicht zum Durchbruch kommen.

Bei welchen körperlichen und seelischen Störungen und Erkrankungen das Autogene Training unterstützend zur ärztlichen Therapie eingesetzt werden kann, erfahren Sie ab Seite 96.

Unerwünschte Nebenwirkungen

Bei einigen Fällen stellen sich sogar unerwünschte, geradezu paradoxe Reaktionen ein. Statt der erhofften Entspannung kommt es dadurch bei manchen Betroffenen zu Nervosität und Ängstlichkeit, mitunter sogar zu Herzklopfen und Kopfschmerzen. Andere haben schon bei den ersten Übungen ein so starkes Entspannungsgefühl, dass sie die tief gehenden Organübungen gar nicht mehr brauchen. Aber weil sie angespannt darauf warten, noch mehr zu erleben, machen sie den Anfangserfolg wieder zunichte.

Die Grundübungen sind völlig ausreichend

Aus diesem Grund beschränkt sich dieser Ratgeber auf die Grundübungen aus dem Programm von J. H. Schultz: die Ruhe- und Schwere-Übung, die Wärme-Übung sowie die Atem-Übung. Auf diese Weise reduziert sich die Gefahr von paradoxen Körpergefühlen, die Ihnen nur allzu schnell den Mut rauben und gute Vorsätze zunichte machen können, weiterzumachen.
Die vier Übungen reichen bereits aus, um den positiven Effekt des Autogenen Trainings für sich zu nutzen. Es kommt zur Muskel- und Gefäßentspannung und damit zum gewünschten Umschaltprozess. Das konnte durch viele Untersuchungen bestätigt werden. In langjährigen Erfahrungen konnte zudem beobachtet werden, dass ein wesentlich höherer Prozentsatz der Übenden beim Autogenen Training bleibt, wenn lediglich die Grundstufe vermittelt wird. Und gerade das regelmäßige Üben ist ja das Wichtigste beim Autogenen Training.
Damit ist selbstverständlich nicht ausgeschlossen, dass Sie, wenn Sie die Grundübungen perfekt beherrschen, später auch die Organübungen erlernen können, um die Umschaltung im Organbereich zu vertiefen. Aber auch in diesem Fall sollten Sie die Herz-Bauch-Stirn-Übungen nur mit der Unterstützung eines erfahrenen Lehrers einüben.

WAS SIE BEACHTEN SOLLTEN, BEVOR SIE MIT DEM TRAINING BEGINNEN

WICHTIG !

- Wenn Sie das Autogene Training mit Hilfe dieses Ratgebers selbstständig erlernen möchten, müssen Sie körperlich und seelisch gesund sein.
- Sind Sie im Unklaren darüber, ob der Zustand, in dem Sie sich befinden, nicht doch der Beginn einer Krankheit ist, ziehen Sie Ihren Arzt zu Rate. Sagen Sie ihm, dass es sich um die vereinfachte Form des Autogenen Trainings handelt.
- Wer bereits wegen einer körperlichen oder seelischen Erkrankung in ärztlicher Behandlung ist und das Autogene Training in der hier vorgestellten Form zur Unterstützung der Therapie anwenden möchte, muss vorher unbedingt mit seinem Arzt darüber sprechen. In diesem Fall besteht die Möglichkeit, Autogenes Training unter Anleitung in der Gruppe zu erlernen.

Die medizinische Wirksamkeit

Dass die phänomenale Wirkungsweise des Autogenen Trainings keine Einbildung ist, wurde in vielen Fällen mit naturwissenschaftlich exakten Methoden zweifelsfrei nachgewiesen. Für diese Beweise eignet sich beispielsweise das Elektromyogramm (EMG), das den Verlauf der Aktionsströme der Muskeln aufzeichnet, oder ein Elektroenzephalogramm (EEG), das den Verlauf der Hirnaktionsströme aufzeichnet. Und da das Autogene Training von Anfang an wissenschaftlich untermauert wurde, setzte es neue Maßstäbe in der Familie der psychosomatischen Therapieverfahren. Auf den folgenden Seiten erfahren Sie einiges über die wissenschaftlichen Experimente und Untersuchungen, die die Wirksamkeit dieses Verfahrens eindeutig belegen. Selbstverständlich können Sie dieses Kapitel auch überspringen, da es für den Lernvorgang selbst nicht wichtig ist. Wenn Sie also lieber gleich selbst mit dem Autogenen Training beginnen wollen, blättern Sie einfach weiter auf Seite 30.

Wissenschaft in der Heilkunde

Die Auffassungen über das Entstehen, Erkennen und Behandeln von Krankheiten haben sich über die Jahrtausende immer weiterentwickelt. Dabei wurden nicht selten Erfahrungswerte wieder fallen gelassen, um neuen Überzeugungen und Erkenntnissen Platz zu machen. Diese wechselvolle Dynamik gilt jedoch nicht nur für die medizinischen Grundüberzeugungen, sondern auch für das Bedürfnis, deren Gültigkeit zu belegen. Es gab Zeiten, in denen es genügte, dass der Arzt von den durchgeführten Maßnahmen überzeugt war. Wie der Patient oder seine Familie darüber dachten, war nicht weiter wichtig.
Eine neue Sichtweise setzte sich erst um 1900 durch. Neben der zunehmend stärker naturwissenschaftlich geprägten Organmedizin etablierte sich damals auch die Seelenheilkunde und Psychotherapie. Mit der Einführung erster psychotherapeutischer Verfahren – wie der Hypnose, dem daraus abgeleiteten Autogenen Training und der Psychoanalyse – wurde der Patient als Subjekt entdeckt. Neben der Gewissheit des Arztes, das Richtige zu tun, sollte sich nun auch der Behandelte besser fühlen. Waren Arzt und Patient sich in der Beurteilung der gewählten Heilmethode einig, so konnten durchaus bedeutende Fortschritte erzielt werden. Insbesondere bei schwereren Störungen war es jedoch auch möglich, dass mit der gewählten Heilmethode kein nachhaltiger Effekt zu erzielen war. Diese Erkenntnis legte den Grundstein für eine bedeutende Weiterentwicklung: Wissenschaftliche Methoden waren gefragt, die die Wirksamkeit einer bestimmten Heilmethode über die subjektive Zufriedenheit von Arzt und Patient hinaus nachweisen konnten.
Mit der Übernahme der Behandlungskosten durch die Krankenkassen trat neben Arzt und Patient eine dritte Instanz auf den Plan. Die Kosten der angewandten Verfahren sollten nur dann aus Mitteln der Versicherungsgemeinschaft übernommen werden, wenn die Wirksamkeit einer Heilmethode belegt war. Seit einigen Jahren genügt es nicht mehr, dass Arzt, Patient und Öffentlichkeit von der Wirksamkeit der angewandten Methode überzeugt sind. Als vierter Faktor kommt auch der Kostenfrage eine wichtige Rolle zu. Heute gilt es, bei annähernd gleicher Wirksamkeit, die jeweils kostengünstigste Methode auszuwählen.
Erfüllt auch das Autogene Training die objektiven, wissenschaftlichen Kriterien eines kontrollierten Wirksamkeitsnachweises, stehen die Chancen gut, dass es angesichts der niedrigen Kosten auch in der Zukunft Bestand haben wird.

Methodik wissenschaftlicher Beweisführung

Seit Jahrhunderten begann die wissenschaftliche Beweisführung eines neuen Therapieverfahrens mit dem Bericht über die Behandlung einzelner Patienten. Erst ein Vergleich mit den Erfahrungen anderer Ärzte über ähnliche Fälle führte zu einer Bestätigung oder Infragestellung der Auffassung und damit zu einer Weiterentwicklung der eingesetzten Heilmethoden. Die medizinischen Lehrbücher waren gefüllt mit Fallbeschreibungen und den daraus abgeleiteten Schlussfolgerungen. Erst dieses empirische Material legte den Grundstein für frühe diagnostische Systeme, die die Voraussetzung schufen, bestimmte Behandlungen kontrollieren zu können. Es war nun möglich, die Wirksamkeit eines Verfahrens zu prüfen, indem eine Patientengruppe damit behandelt wurde, während eine andere Gruppe vergleichbarer Personen zunächst keine Behandlung erhielt. Nach einer bestimmten Zeit wurden beide Gruppen erneut untersucht, um so die jeweiligen Veränderungen zu überprüfen, zu vergleichen und der entsprechenden Behandlungsmaßnahme zuschreiben zu können.
Der nächste Schritt bestand darin, eine Methode, deren Wirksamkeit noch einmal genau überprüft werden sollte, mit einer Placebo-Behandlung zu vergleichen. Dazu wurden einer Patientengruppe alle spezifischen Maßnahmen zuteil, während eine andere nur scheinbar behandelt wurde.
Die letzte Stufe in der Hierarchie der Wirksamkeitsnachweise stellte dann der direkte Vergleich zwischen zwei als wirksam angesehenen Verfahren dar. Dabei wurde das neue Verfahren gegen ein bereits etabliertes getestet. Es galt, die Frage zu lösen, ob die neue Behandlungsweise ebenso gut war wie die alte oder ob sie dieser möglicherweise sogar überlegen sei.

Neutrale Vergleichsstudien

Im Lauf der Entwicklung dieser wissenschaftlichen Methodik wurde bald klar, dass nicht nur das geprüfte Therapieverfahren, sondern auch bestimmte Randbedingungen für das Ergebnis der Prüfung bedeutsam waren. So konnte es bei der Zuordnung von Patienten in die zu vergleichenden Gruppen zu systematischen Unterschieden kommen – etwa durch einen höheren Anteil an weniger schwer erkrankten Patienten in einer Gruppe, was die Beurteilung der endgültigen Ergebnisse natürlich beeinträchtigt. Deshalb begann man, die Gruppen

nach Zufallskriterien zusamenzustellen (so genannte randomisierte Gruppenzuteilung). Auf diese Weise konnte bei einer genügend großen Gruppengröße von vornherein weitgehend ausgeschlossen werden, dass sich die Gruppen zu stark voneinander unterschieden.
Eine weitere Schwierigkeit bei der Beurteilung von Vergleichsstudien lag in der Erwartung, die Patienten und Ärzte hinsichtlich der Wirksamkeit einer neuen Behandlungsmethode hatten. Teilte ein Arzt seinen Patienten zum Beispiel mit, sie würden ein neues, sehr vielversprechendes Medikament bekommen, das gegen ein weniger wirksames getestet werden sollte, so konnte allein die positive Erwartungshaltung der Patienten zum gewünschten Ergebnis führen. Ähnliches galt für die Einstellung des Arztes. Aus diesem Grunde wurde das Verfahren der »Verblindung« eingeführt. Bei einer so genannten Einfach-Blindstudie wissen nur die Patienten nicht, welcher der beiden geprüften Gruppen sie zugeteilt werden. Bei den Doppel-Blindstudien wissen dies sogar weder Patient noch betreuender Arzt oder Psychologe. Auf diese Weise können subjektive Therapieerwartungen wirksam kontrolliert werden.

Moderne Verfahren

Heute stellt eine solche doppelblinde und randomisierte Vergleichsstudie den methodischen Standard bei der Einführung neuer Therapieverfahren dar. Auf diese Weise lässt sich vermeiden, dass das Ergebnis einer Untersuchung durch subjektive Eindrücke verfälscht wird – wodurch Wirksamkeit oder Unwirksamkeit eines neuen Verfahrens im Vergleich zu einem bereits etablierten ebenso sichtbar werden wie eventuell auftretende Nebenwirkungen.

GLAUBE CONTRA WISSEN

INFO

Vielen Einsteigern hilft es, zu wissen, dass die Wirkung des Autogenen Trainings nicht auf Glauben, Überzeugung und dem sprichwörtlichen Gottvertrauen beruht. Auch wenn diese Faktoren wie bei jeder erfolgreichen Heilmaßnahme eine gewisse Rolle spielen, so reichen sie in der Regel für sich allein nicht aus, um Erfolge zu erzielen. Dagegen ist die lange Geschichte des Autogenen Trainings ein Beleg für die These, dass der wissenschaftliche Nachweis seiner Wirksamkeit ein bedeutender Faktor hinsichtlich der positiven Wirkung dieses Verfahrens ist. Gerade in der Psychotherapie gewinnen Meditation, Entspannungs- und Versenkungsmethoden wieder an Bedeutung.

Die ersten Versuche mit Autogenem Training

Das Autogene Training darf zweifellos zu den »sanften Methoden« in der Medizin, Psychologie und Psychotherapie gezählt werden. Denn es brauchen weder chirurgische Schnitte gesetzt werden, die es anschließend zu nähen und zu versorgen gilt, noch müssen Pillen eingenommen werden. Auch begleitende Gespräche spielen nur eine untergeordnete Rolle. Alle diese Vorteile bedeuten jedoch nicht, dass das Autogene Training auf wissenschaftliche Beweise seiner Wirksamkeit verzichten müsste. Im Gegenteil! Schon der Begründer des Autogenen Trainings, der Berliner Arzt Johannes Heinrich Schultz, war stets darauf bedacht, die Wirksamkeit und Wirkungsweise seiner Therapie wissenschaftlich zu erforschen und zweifelsfrei zu belegen. Hierbei wurde er von anderen Gelehrten unterstützt, die ganz ähnliche Methoden einsetzten, beispielsweise die berühmten Hirnforscher Oskar Vogt und Korbinian Brodmann oder der große »Seelenarzt« Ernst Kretschmer.

Bereits in den 20er- und 30er-Jahren des 20. Jahrhunderts begannen die Experimente. Erst als zweifelsfrei geklärt war, dass sich bestimmte Effekte des Autogenen Trainings – beispielsweise die Wärme-Übung – eindeutig nachweisen ließen, stellte Schultz seine Methode der Öffentlichkeit vor und publizierte sie in der ersten Auflage seines Buches.

Das individuelle Wärme-Erlebnis

Mitte der 20er-Jahre erhielt Schultz ein Messgerät der Firma Carl Zeiss, mit dem sich ohne Berührung der Haut die Wärmestrahlung messen ließ. Damit begannen die Experimente, um den Anstieg der Körpertemperatur durch das Autogene Training nachzuweisen. Schultz selbst schrieb dazu: »Die ersten entsprechenden Versuche habe ich im Sommer 1925 angestellt. Dabei wurde aus äußeren Gründen (Versuchsraum) zunächst von einer Eichung abgesehen und nur die Frage bearbeitet: Führt das Wärme- und Kühle-Erlebnis zu Veränderungen der Wärmestrahlung? Das Resultat war ein deutlich progressives Ansteigen der physikalischen Wärmestrahlung mit Einstellung auf das Wärme-Erlebnis. Identisch einwandfreie positive Resultate ergaben noch 14 weitere Messungen; stets gaben bei den positiven Versuchen die Versuchspersonen an, das Wärme-Erlebnis sehr intensiv wahrgenommen zu haben. Bei einer negativ bleibenden

Messung am Handrücken beobachtete die Versuchperson subjektiv das Wärme-Erlebnis nur im Oberarm.« Weiter schrieb er: »Analoge Verläufe zeigten sich noch in drei weiteren Versuchen: fünf blieben subjektiv unsicher, in der Messung negativ oder irregulär oder paradox, viermal gelang die subjektive Darstellung überhaupt nicht. Hier stehen also 15 subjektiv und objektiv positive Versuche fünf subjektiv unsicheren und vier subjektiv negativen mit negativem objektivem Messungsbefunde gegenüber. Immerhin war durch diese ersten nur relativen Messungen bewiesen, dass bei Wärme-Erlebnissen recht häufig, bei Kühlerlebnissen in der Hälfte der Fälle gleichsinnige Strahlenschwankungen objektiv nachweisbar sind. Dabei zeigte sich, dass die sichersten Resultate bei den Versuchspersonen auftreten, die lange und gründlich trainiert haben.«
Einer der Mitarbeiter von J. H. Schultz, Herbert Binswanger, führte die Arbeiten seines Lehrers weiter. 1929 konnte er in der Zeitschrift »Nervenarzt« einen Nachweis veröffentlichten, dass die Hauttemperatur der Hand durch Autogenes Training zwischen 0,5 und 1,1 °C anstieg.

Nachweis der körperlichen Veränderungen

Wie bei allen anderen Behandlungsmethoden lässt sich auch beim Autogenen Training die wissenschaftliche Methodik anwenden. Die Grundlage des Autogenen Trainings bildet ein Gedanke (Konzentration), der zu körperlichen Veränderungen führen soll, die wir beispielsweise als Schwere oder Wärme empfinden. Schon früh wurde versucht, diese körperlichen Veränderungen durch geeignete Messmethoden nachzuweisen. Wie bereits erwähnt, wartete schon J. H. Schultz mit der Veröffentlichung seines neuen Verfahrens so lange, bis ein Anstieg der Hauttemperatur schwarz auf weiß nachgewiesen werden konnte. Doch damit nicht genug: Die Versuche wurden in den folgenden Jahrzehnten unter verschiedenen Kontrollbedingungen mehrfach wiederholt. Von wenigen Ausnahmen abgesehen, ließ sich dabei immer wieder die tatsächliche Erwärmung – etwa an den Handflächen – nachweisen. Einen bedeutenden Beitrag dazu lieferte 1955 der Mediziner Peter Polzien. Er konnte nicht nur den Anstieg der Temperatur an den Händen bestätigen, sondern auch zeigen, dass gleichzeitig die restliche Körperkerntemperatur abnimmt. Damit war der Nachweis erbracht, dass durch eine Gefäßerweiterung in den Händen verstärkt Blut aus dem wärmeren Körperinneren in die kühlere Peripherie fließt.

Dieses Phänomen wurde auch Gegenstand eigener Untersuchungen. Dabei konnte gezeigt werden, dass der Temperaturanstieg vom Unterarm über den Handrücken bis in die Finger hinein zunehmend stärker ausgeprägt war. Dies entspricht auch der anatomischen Verteilung kleiner und kleinster Gefäße, so dass ein umso größeres Verteilungsvolumen für das wärmere Blut aus dem Körperzentrum vorhanden ist, je mehr man in die Peripherie der Hand und der Finger kommt. Und mit Hilfe der Thermografie kann der Unterschied zwischen der Hauttemperatur an Handrücken und Fingern vor und nach einer Übung sogar bildhaft festgehalten werden (siehe Abbildung rechts).
Schließlich konnte sogar nachgewiesen werden, dass die Hauterwärmung je nach Tageszeit schwankt. So war sie vormittags wesentlich stärker ausgeprägt als gegen zwei Uhr nachmittags. Der Grund: Nach dem Mittagessen treten in der Regel eine gewisse Entspannung und leichte Müdigkeit auf, die ihrerseits bereits zu einer Gefäßerweiterung und damit zu einem Anstieg der Körpertemperatur führen. Hinsichtlich dieses erhöhten Ausgangswerts ist die Möglichkeit einer weiteren Temperaturerhöhung durch das Autogene Training stärker begrenzt als am Vormittag.

Messungen der psychischen Veränderungen

Auch die moderne psychologische Forschung der letzten Jahrzehnte hat Verfahren entwickelt und verfeinert, um sowohl das subjektive Befinden des Patienten zu beschreiben als auch die Wertung durch den beobachtenden Experten zu ermöglichen. Sie können zur Beurteilung einer einzelnen Person ebenso eingesetzt werden wie zur Beschreibung des Mittelwertes einer ganzen Gruppe, was auch den Vergleich verschiedener therapeutischer Maßnahmen mehrerer Kontrollgruppen erlaubt.
In Hinblick auf das Thema dieses Ratgebers sei hierzu eine Studie genannt, die eine Gruppe Erwachsener untersuchte, die das Autogene Training in einem Volkshochschulkurs erlernten. Als Kontrollgruppe dienten die Teilnehmer einer Schulungsmaßnahme der Industrie- und Handelskammer. Um das Befinden beider Gruppen vor und nach den jeweiligen Gruppensitzungen zu vergleichen, wurde mit einer Eigenschaftswörterliste gearbeitet, die alle Personen ausfüllen mussten. Dabei zeigte sich, dass es zu Beginn der Stunde noch keine nennenswerten Unterschiede zwischen den Gruppen gab. Im zeitlichen

Verlauf jedoch kam es zu messbaren Veränderungen im Befinden – wobei bei der Vergleichsgruppe (ohne Autogenes Training) Aktiviertheit und Empfindlichkeit signifikant abnahmen. Im Gegensatz dazu fanden sich mehr als doppelt so viele positive Veränderungen der Befindlichkeit bei den Teilnehmern des Volkshochschulkurses.

Die Veränderungen in beiden Gruppen wurden daraufhin über einen längeren Zeitraum beurteilt und direkt miteinander verglichen. Dabei zeigte sich, dass bei den Übenden des Autogenen Trainings das allgemeine Wohlbefinden und die Leistungsorientiertheit deutlich zunahmen. Gleichzeitig ließ sich nachweisen, dass diese Personen weniger müde und passiv waren und Ängstlichkeit und Deprimiertheit signifikant abnahmen.

Autogenes Training für Kinder

Dass die Entspannungsmethode nicht nur bei Erwachsenen wirkt, zeigt eine zweite Studie, für die 170 Zehnjährige nach Zufallskriterien in eine Experimentalgruppe (80 Kinder) und eine Kontrollgruppe (90 Kinder) aufgeteilt wurden. In der ersten Gruppe lernten die Kinder das Autogene Training, während in der zweiten Gruppe keine vergleichbaren Maßnahmen durchgeführt wurden.

Im Vergleich der psychometrischen Messungen zu Beginn und am Ende der Studiendauer zeigte sich, dass diejenigen Kinder, die sich das Autogene Training angeeignet hatten, deutliche Verbesserungen bei Einschlafstörung, Insuffizienzgefühl (Selbstunsicherheit) und depressiver Stimmung erzielt hatten. Auch ihre Angstwerte verringerten sich durch das Üben nachweislich.

Im Gegensatz dazu konnten in der Kontrollgruppe (kein Autogenes Training) keine dieser Veränderungen nachgewiesen werden.

Die Wärmekamera zeigt: Noch sind die Finger schlecht durchblutet. Das wird sich ändern.

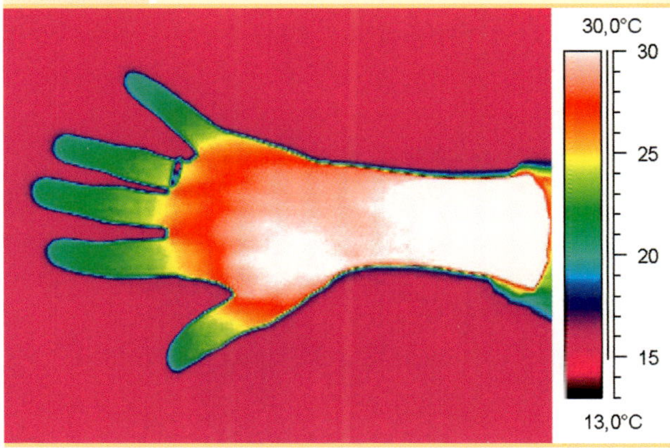

Wirksamkeit bei bestimmten Krankheiten

Das Kapitel »Autogenes Training als Therapie« (Seite 95 ff.) geht ausführlich auf die Einsatzmöglichkeiten des Autogenen Trainings bei bestimmten Krankheitsbildern oder Befindlichkeitsstörungen ein. Es stellt dabei eine Summe aller bisherigen Erfahrungswerte im Umgang mit Autogenem Training dar. Dabei gingen subjektive Erfahrungswerte der Übenden ebenso ein wie Fremdbeurteilungen durch Ärzte, Psychologen und Psychotherapeuten oder wissenschaftliche Prüfungen im engeren Sinne. Zwar würde sich die Liste der nachweislich mit Autogenem Training erfolgreich zu behandelnden Krankheiten und Störungsbilder reduzieren, wollte man ausschließlich den Maßstab einer Güteklasse 1 nach evidenzbasierten Kriterien anlegen. Dies liegt jedoch in erster Linie daran, dass entsprechende Untersuchungen enorm aufwändig sind. Zudem hat sich die Wissenschaft in den letzten Jahrzehnten zunehmend neuen Verfahren zugewandt, deren Effektivität zunächst noch gezeigt werden musste. Trotz dieser Einschränkungen gibt es verschiedene Forschungsarbeiten zum Autogenen Training, die gültige Schlüsse mit hoher Wahrscheinlichkeit zulassen.

Herz-Kreislauf-Leiden und Krebs

Erkrankungen des Herz-Kreislauf-Systems und Krebs gehören nicht nur zu den häufigsten Krankheiten in der Bevölkerung, sondern erscheinen auch an erster und zweiter Stelle der Todesstatistik. Natürlich kann eine Therapie wie das Autogene Training keine Wunder wirken. Dennoch ist es interessant, zu sehen, wie sehr sich die Risikofaktoren für die Entstehung kardiovaskulärer Erkrankungen (das Herz-Kreislauf-System betreffend) – und hier insbesondere von Herzinfarkt – durch Autogenes Training verringern lassen. So zeigte eine gut kontrollierte Studie, dass Autogenes Training in der Lage ist, eine Reihe von Risikofaktoren positiv zu beeinflussen. Cholesterin und freie Fettsäuren nahmen durch Autogenes Training deutlich ab, während die Werte in der Kontrollgruppe gleich blieben. Bei den Triglyzeriden (Blutfetten) kam es ebenfalls zu einer Abnahme (in der Kontrollgruppe war sogar ein Anstieg zu verzeichnen). Systolischer und diastolischer Blutdruck wurden gesenkt, ebenso der Puls.
Im Vergleich zu Herzbeschwerden sind die Risikofaktoren für Krebserkrankungen weitaus weniger gesichert, von Zigarettenrauchen als Hauptverursacher des

Lungenkrebses einmal abgesehen. Insofern gibt es auch – anders als im kardiovaskulären Bereich – keine Studien über den Beitrag des Autogenen Trainings bei der Reduktion des Erkrankungsrisikos. Nichtsdestotrotz kann Autogenes Training bei Patienten im fortgeschrittenen Stadium, die sowohl operativ als auch mit Chemo- oder Strahlentherapie behandelt wurden (bei denen also das therapeutische Arsenal ausgeschöpft wurde), in der Krankheitsbewältigung einen äußerst hilfreichen Beitrag leisten. Dabei spielt einerseits die nachgewiesene Wirksamkeit auf Schmerzzustände eine wichtige Rolle, andererseits die positive Wirksamkeit auf Befindlichkeit und Stimmung.

Die wissenschaftliche Basis

Abschließend soll untersucht werden, inwieweit das Autogene Training den oben genannten Kriterien einer wissenschaftlich basierten Medizin entspricht. Dazu müssen so genannte Metaanalysen vorliegen, die einen entsprechenden Nachweis führen. Unter Metaanalysen versteht man dabei umfassende Auswertungen verschiedener Studien zur Wirksamkeit einer Behandlungsmethode, wobei die unterschiedlichen Einzelstudien einer für alle geltenden einheitlichen Methodenkritik unterworfen werden. Eine derartige Metaanalyse liegt auch für das Autogene Training vor. Sie belegt die Wirksamkeit des Verfahrens. Dazu wurden 73 kontrollierte Therapiestudien ausgewertet. Bezogen auf spezifische Krankheiten beziehungsweise Symptome, konnte dabei unter anderem gezeigt werden, dass sich Spannungskopfschmerzen und Migräne, essenzielle Hypertonie (Bluthochdruck), koronare Herzkrankheiten und Asthma bronchiale durch Autogenes Training ebenso bessern ließen wie somatoforme Schmerzstörungen (andauernder, schwerer Schmerz, dessen Ursache nicht in körperlichen Störungen zu suchen ist, sondern in emotionalen Konflikten oder psychosozialen Problemen). Darüber hinaus zeigte sich ein positiver Effekt des Autogenen Trainings bei Schlaf- und Angststörungen, bei leichten bis mittelgradigen Depressionen sowie bei Durchblutungsstörungen der Hände (Morbus Raynaud). Dieses überaus positive Ergebnis erklärt möglicherweise auch die Tatsache, dass das Autogene Training seit nunmehr rund 80 Jahren zu den am häufigsten angewandten und am breitesten eingesetzten Verfahren der Psychotherapie beziehungsweise Psychosomatik gehört.

Der wissenschaftliche Nachweis mag dem Leser dieses Buches eine weitere Bestätigung sein, dass er eine höchst sinnvolle Entscheidung getroffen hat, als er beschloss, das Autogene Training zu erlernen.

Grundkurs Autogenes Training

Das Wichtigste am Autogenen Training ist, dass Sie es überhaupt machen. Denn nur durch Geduld und konsequentes Üben kommen Sie in den Genuss der wohltuenden Wirkungen. Aber nicht nur, dass Sie üben, ist wichtig, sondern auch, wie Sie es tun – von der richtigen Übungshaltung bis zu den individuellen Formeln. Und dann heißt es: dreimal täglich zwei Minuten üben – um abzuschalten, sich zu entspannen und sich zu erholen.

Vorbereitung aufs Üben

Auf den nachfolgenden Seiten werden Sie Schritt für Schritt die Grundstufen des Autogenen Trainings kennen lernen. Auf diese Weise erfahren Sie, wie sich hinderliche Denkmuster und Verhaltensweisen neu programmieren lassen und Sie so zu einem entspannteren und gesünderen Leben finden.

Die Lehre des Autogenen Trainings beruht wesentlich auf dem ersten psychobiologischen Grundgesetz. Dieses besagt, dass ein Gedanke, ein Gefühl oder eine Konzentration nicht nur im Gehirn stattfinden, sondern die Tendenz haben, sich auch im Körper auszuwirken. Um diesen Effekt an sich selbst zu überprüfen, müssen Sie (noch) kein Profi in Sachen Entspannung sein. Lassen Sie uns stattdessen mit einem einfachen Vorversuch beginnen, der Ihnen den inneren Mechanismus des Autogenen Trainings anschaulich und verständlich macht: Um zu testen, wie Sie Ihren Körper allein durch die Kraft Ihrer Gedanken anregen können, genügt ein einfacher (Selbst-)Versuch mit einem Pendel – wie der folgende.

Der Pendelversuch

Für den Test mit dem Pendel benötigen Sie einen zwanzig bis dreißig Zentimeter langen Faden, an dessen Ende Sie einen Schlüssel, einen schweren Ring oder einen ähnlichen Gegenstand binden. Halten Sie dann das andere Ende zwischen Daumen und Zeigefinger und strecken Sie Ihren Arm dabei aus. Er zeigt dabei leicht nach oben. Nun beobachten Sie Ihr Pendel und konzentrieren Sie sich innerlich auf den Selbstbefehl:

»Das Pendel schwingt von rechts nach links.«

Diesen Gedanken wiederholen Sie mehrmals konzentriert. Sobald das Pendel zu schwingen beginnt, bringen Sie es durch die Konzentration auf folgende Formel wieder zur Ruhe:

»Das Pendel bewegt sich weniger, ... kaum noch, ... es hängt still.«

Nun konzentrieren Sie sich wiederum mehrmals auf das Gegenteil:

»Das Pendel schwingt von vorn nach hinten – immer stärker von vorn nach hinten.«

Sobald Ihr Pendel tatsächlich vor- und zurückschwingt, konzentrieren Sie sich mehrmals auf den Gedanken:

»Das Pendel schwingt im Kreis.«

Was auf den ersten Blick wie Magie wirken mag, wird sich erfüllen, wenn Sie sich richtig konzentrieren: Das Pendel schwingt in jede von Ihnen gewünschte Richtung.

Wie Gedanken auf den Körper wirken

Der Pendelversuch hat nichts mit Zauberei oder Scharlatanerie zu tun. Die Ursache dafür, dass das Pendel ausschlägt, ist Ihre Hand, die sich unmerklich bewegt. Sie können deshalb aus dem Versuch folgende Schlussfolgerung ziehen:

- Ein intensiver oder lange festgehaltener Gedanke, eine Konzentration oder innere Sammlung können eine sehr deutliche körperliche Bewegung bewirken, die unmerklich ausgelöst wird und unwillkürlich bleibt. Mit anderen Worten: Reines Denken kann das Körpergeschehen stark beeinflussen.
- Jeder Mensch hat Reaktionen, die seiner bewussten Kontrolle entzogen sind. Und diese unbewussten Reaktionen können durch gezielte Konzentration beeinflusst werden.

TIPP

ERST PENDELN, DANN ÜBEN

Wenn Sie den Versuch erfolgreich durchgeführt haben, werden Ihnen die weiteren Übungen des Autogenen Trainings leichter fallen. Denn Sie wissen nun, wie sich Ihre Bewegungen allein durch Ihre Gedanken steuern lassen.

Formeln nehmen gezielt Einfluss

Sollen Gedanken bestimmte Reaktionen in Ihrem Organismus auslösen, dürfen sie nicht undifferenziert sein, sondern müssen sehr klar formuliert werden. Je prägnanter, knapper und monotoner ein Gedanke dabei ist, desto stärker ist die körperliche Reaktion auf ihn. Deshalb arbeitet das Autogene Training mit wenigen, bewährten Formeln, die auch Sie mit den entsprechenden Übungen einfach und schnell lernen werden.

TIPP

WELCHER TYP SIND SIE?

Sie erleichtern sich das Üben sehr, wenn Sie sich typgerecht konzentrieren. Probieren Sie ruhig aus, was Ihnen am besten hilft.

- Sind Sie optisch begabt, stellen Sie sich die Formel vor Ihrem geistigen Auge vor und lesen Sie sie Wort für Wort ab.
- Akustisch orientierten Menschen hilft es, sich eine Formel gesprochen vorzustellen und ihr innerlich zuzuhören.
- Die motorisch Begabten stellen sich vor, sie würden die Formeln auf Papier oder eine Wandtafel schreiben.

Wirkung auf Körper und Psyche

Mit diesen Formeln wirkt die konzentrative Selbstentspannung auf Muskulatur und Blutgefäße des Körpers ein. Neben der körperlichen Entspannung kommt es aber auch zu einer Veränderung in seelischen Bereichen, weshalb das Autogene Training von einigen Therapeuten auch als eine konzentrative Selbstversenkung bezeichnet wird.
Was dabei im Detail in Ihrem Körper geschieht und welche positiven seelischen Auswirkungen Sie erwarten dürfen, erfahren Sie direkt im Anschluss an die jeweiligen Übungen (ab Seite 48).

So lernen Sie, sich zu konzentrieren

Es gibt verschiedene Möglichkeiten, sich auf eine Formel zu konzentrieren. Jeder Mensch hat dabei seine ganz persönliche Stärke – je nachdem, welches Sinnesorgan er bevorzugt, wenn er eine Aussage verstehen oder sich etwas merken will. Nutzen Sie Ihre individuelle Begabung!

- Sind Sie eher optisch orientiert, nehmen Sie Worte am besten über das Lesen auf.
- Gehören Sie zu denjenigen Menschen, die eher akustisch begabt sind, bleibt das gesprochene Wort bei Ihnen am besten haften.

- Wenn Sie weder das Lesen noch das Hören eindeutig bevorzugen, dabei sehr lebhaft und spontan sind und einen gewissen Bewegungsdrang haben, sind Sie motorisch orientiert.

Dass eine Formel ihre volle Kraft entfalten kann, hängt aber nicht nur mit der optimalen Konzentration zusammen, sondern auch mit der richtigen Atmung. Deshalb ist es beim Autogenen Training besonders wichtig, auf den ruhigen gleichmäßigen Atemfluss zu achten. Mehr dazu erfahren Sie ab Seite 67.

Die Rücknahme

Sie mögen sich vielleicht an dieser Stelle wundern, warum Sie die Rücknahme vor den eigentlichen Übungen lernen sollen. Ganz einfach: Wenn Sie sie nicht richtig beherrschen, können nach dem Autogenen Training Benommenheit und Müdigkeit zurückbleiben – und das ist ja genau das Gegenteil von dem, was Sie mit dem Üben erreichen wollen.

Wach und fit werden

Die Übungen des Autogenen Trainings führen in eine Selbstversenkung, aus der Sie jedes Mal nach wenigen Minuten mit klarem Kopf wieder herauskommen müssen. Erfolgt die Rücknahme nicht exakt und kräftig, bleiben Ihr Körper und Ihr Bewusstsein bis zum nächsten Schlaf in diesem Entspannungszustand. Nur wenn Sie wissen, wie Sie ins Jetzt zurückkehren, können Sie sich die Wirkung der Methode auch tagsüber als Entspannungs- oder Powerübung zu Nutze machen.

Die Übung beenden

Um die Selbstversenkung zu beenden, müssen Sie sich am Ende jeden Übens die drei folgenden Selbstbefehle erteilen und sie ausführen:

»Arme fest!«
»Tief ein- und ausatmen!«
»Augen auf!«

Diese Rücknahme, die auf der folgenden Doppelseite noch einmal in allen Phasen erläutert wird, bleibt immer gleich – unabhängig davon, welche Tiefe der Selbstversenkung Sie erreicht und welche Formeln Sie während des Übens angewendet haben.

Die einzige Ausnahme

Wie so oft im Leben gibt es aber auch beim Autogenen Training eine Ausnahme von der Regel. Wenn Sie nämlich vor dem Einschlafen üben, nehmen Sie die Entspannung nicht zurück (verzichten also auf die Rücknahme). Stattdessen legen Sie sich zum Schluss der Übung einfach bequem zum Einschlafen zurecht. Das ist vor allem dann wichtig, wenn Sie Schlafstörungen behandeln wollen.

SCHRITT FÜR SCHRITT

Nehmen Sie die Gedanken und Vorstellungen des Autogenen Trainings nach dem Üben nicht zurück, bleiben die physischen und psychischen Veränderungen bestehen. Sie verweilen dann dauerhaft in einem sehr entspannten Zustand und können sich nur schwer wieder aufraffen, Ihrer normalen Beschäftigung nachzugehen. Dabei ist es ganz wichtig, die Rücknahme auch dann auszuführen, wenn Sie beim Üben keine Veränderung gespürt haben.
Sollten Sie die Rücknahme einmal nicht exakt ausgeführt haben und sich nach den Übungen noch etwas müde und benommen fühlen, wiederholen Sie den Vorgang ein zweites Mal ganz intensiv. Je mehr Aufmerksamkeit und Schwung Sie der Rücknahme dabei schenken, desto sicherer ist die Wirkung auf Ihren Körper. Denken Sie also immer daran, jede Übung nach zwei bis drei Minuten mit folgenden drei Schritten zu beenden:

1. »ARME FEST!«

Mit diesem gedachten Befehl strecken Sie die Arme aus und ballen beide Hände zu Fäusten. Dann ziehen Sie die Arme mehrmals hintereinander mit Schwung an den Körper heran. Das funktioniert im Sitzen ebenso wie im Liegen.

2. »TIEF EIN- UND AUSATMEN!«

Im zweiten Schritt atmen Sie mit diesem gedachten Befehl tief und deutlich hörbar bis in den Bauch ein und wieder aus. Wiederholen Sie das Ganze zwei- bis dreimal.

3. »AUGEN AUF!«

Bei diesem letzten Befehl für die Rücknahme öffnen Sie die Augen und stellen damit den Kontakt zur Außenwelt wieder her. Es ist sehr wichtig, die Augen erst ganz am Schluss zu öffnen, auch wenn Sie es – gerade als Einsteiger – beinahe reflexartig zu Beginn der Rücknahme machen möchten.

Übrigens: Wenn Sie beim Üben unerwartet gestört und unterbrochen werden (zum Beispiel durch Klingeln oder Telefonläuten), wirkt dies wie ein leichter Schock. Dadurch gehen Sie unmittelbar aus der Entspannung und können deswegen in diesem besonderen Fall auf die Rücknahme verzichten.

Das A und O: richtig üben

Vielleicht erinnern Sie sich: Das Wichtigste am Autogenen Training ist, dass man es überhaupt macht – mit diesen Worten begannen die Ausführungen dieses Buches. Warten Sie also nicht lange und beginnen Sie einfach gleich im Anschluss an die Lektüre mit dem Üben. Machen Sie aber bloß nicht den Fehler, zu fragen, wie lange es dauern wird, bis Sie das Autogene Training wirklich beherrschen. Denn auf diese Weise würden Sie sich nur selbst unter Druck setzen, und der wirkt dem Erfolg der Übungen definitiv entgegen. Schließlich lernt jeder Mensch anders und in einem anderen Tempo. Üben Sie also ohne Hast, aber regelmäßig sowie mit Vertrauen in die Methode und in sich selbst. Haben Sie Geduld, Sie wissen ja: Nur die Übung macht den Meister. Ungeduld dagegen ist der Feind jeder Entspannung. Insofern sind die Muße und die Geduld, die Sie jetzt für sich selbst aufbringen, das Allerwichtigste auf dem sanften Weg zu mehr Entspannung, Ausgeglichenheit, Wohlbefinden und Gesundheit.

Mäßig, aber regelmäßig

Beim Autogenen Training kommt es weniger darauf an, möglichst lange zu üben. Stattdessen ist es entscheidend für den Erfolg, dass Sie sich regelmäßig dafür Zeit nehmen. Dabei ist es gleichgültig, ob Sie die eine oder andere Übung schon nach wenigen Tagen oder erst nach einer Woche beherrschen. Wichtig ist nur, dass Sie sich nicht entmutigen lassen, wenn sich der gewünschte Erfolg weniger rasch einstellt als erwartet. Wenn Sie dennoch unsicher sind, wie Sie üben sollen, hilft Ihnen der Vier-Wochen-Plan ab Seite 70.

Wie lange sollen Sie üben?

Die wichtigste Voraussetzung für die Wirksamkeit der Übungen ist die Konzentrationsfähigkeit, die Sie aufbringen. Da gerade Einsteiger nur sehr kurze Zeit wirklich fähig sind, sich ganz und gar auf einen sich stets wiederholenden Gedanken zu konzentrieren (und die von ihm ausgelösten Körperempfindungen nachzufühlen), hat sich folgende Regel bewährt:

- Am besten üben Sie dreimal täglich für die Dauer von zwei bis drei Minuten. Eine längere Trainingsdauer ist nicht sinnvoll, weil danach Ihre Gedanken in aller Regel davonwandern.

Natürlich kommt es nicht genau auf die Sekunden an. Sie müssen also nicht penibel die Zeiger Ihrer Uhr verfolgen. Allerdings sollten Sie auch darauf achten, eine Übungsdauer von zwei Minuten nicht zu unterschreiten. Anderenfalls lässt die entspannende Wirkung des Trainings erfolglos auf sich warten.

Sie werden nebenbei schon bald einen weiteren positiven Effekt des Autogenen Trainings bemerken: Ihre innere Uhr wird präziser arbeiten als bisher. Und nach einer Weile sagt Ihnen dieses innere Signal zunehmend genauer, wann die Übungszeit vorüber ist.

Wann sollen Sie üben?

Wie in vielen anderen Situationen auch hilft Ihnen Regelmäßigkeit dabei, sich an das Neue zu gewöhnen. Es hat sich dabei immer wieder gezeigt, dass es günstig ist, die natürlichen Einschnitte im Tagesablauf für die Übungen des Autogenen Trainings zu nutzen. Wahrscheinlich bieten sich auch bei Ihnen als ideale Trainingszeiten an:

- die Zeit nach dem Aufwachen,
- die Mittagspause,
- die Zeit vor dem Einschlafen.

In welcher Zeit Sie üben, hängt natürlich in erster Linie von den jeweiligen Lebensumständen ab. Darüber hinaus haben Untersuchungen jedoch gezeigt, dass für den Neueinsteiger das Üben nach dem Mittagessen und vor dem Schlafengehen am besten ist.

Das ist morgens zu beachten

Es gibt zwei Arten der Wach-Schlaf-Steuerung: Die einen Menschen tun sich morgens besonders schwer und erwachen nur langsam. Den anderen fällt es umso leichter, in den neuen Tag zu starten. Die Welt scheint sich dementsprechend in Morgenmuffel und Frühaufsteher zu teilen.

- Frühaufsteher, also diejenigen unter uns, die morgens wach und aktiv sind, werden das morgendliche Üben des Autogenen Trainings im Bett als wohltuend empfinden: Sie sammeln dabei ihre Kräfte, begrüßen ihren Körper und klären den Kopf für den kommenden Tag.
- Wer dagegen morgens schlecht aus den Federn kommt, muss versuchen, seine natürliche morgendliche Schläfrigkeit durch das Autogene Training nicht noch zusätzlich zu verstärken. Denn wenn Sie im Bett die Augen wieder schließen und sich sagen: »Ich bin ganz ruhig, mein rechter Arm ist schwer«, besteht natürlich die Gefahr, dass Sie wieder einschlafen.
- Wenn Sie zu den Morgenmuffeln zählen – was im Übrigen meist jüngere Menschen tun –, sollten Sie sich unbedingt an folgende Grundregeln halten: Machen Sie die Übungen nicht im Bett, um die Gefahr zu umgehen, dass Sie während der Ruhe-Übung wieder einschlafen. Stehen Sie lieber erst einmal auf, duschen Sie und setzen Sie sich gemütlich an den Frühstückstisch. Erst dann führen Sie die Übungen durch – und zwar im Sitzen.

INFO

ZEIT GEWINNEN

Wenn Sie morgens immer hetzen müssen, kann es hilfreich sein, den Wecker fünf Minuten eher klingeln zu lassen. Die gewonnenen Minuten geben Ihnen den ganzen Tag über das Gefühl, dass das Autogene Training im Grunde gar keine zusätzliche Zeit beansprucht.

Das ist mittags zu beachten

Obwohl es nicht länger als drei bis fünf Minuten dauert, das vereinfachte Autogene Training einmal komplett durchzuführen, ist es für viele von uns gerade mittags schwer, eine kurze Auszeit in völliger Ruhe zu nehmen. Das Telefon klingelt, Kollegen schauen herein, die Kinder kommen aus der Schule, oder Sie müssen noch schnell etwas einkaufen. Egal ob Sie zu Hause sind oder am Arbeitsplatz, in der Regel herrschen um die Mittagszeit überall Aktivität und Unruhe. Gerade deshalb aber ist es auch wichtig, einmal bewusst abzuschalten.

Wenn Sie mit dem Autogenen Training beginnen wollen, müssen Sie versuchen, die eben beschriebenen Probleme Ihrer

Arbeitssituation entsprechend zu regeln. Meist hilft es dabei nur, radikal egoistisch zu sein und sich ganz bewusst einige Minuten für sich selbst zu nehmen.

- Müssen Sie am Arbeitsplatz üben? Dann fragen Sie eine Kollegin oder einen Kollegen, ob Sie das Telefon kurz umstellen dürfen. Für den Anfang ist es darüber hinaus hilfreich, in einem Raum zu üben, in dem Sie vier oder fünf Minuten wirklich ungestört sind und nicht von anderen Menschen beobachtet werden. Wenn Sie ein eigenes Büro haben, hilft es oft schon, die Tür zu schließen und dadurch zu signalisieren, dass Sie im Moment nicht gestört werden wollen. Wenn Sie sich ein Zimmer mit Kollegen teilen müssen, ist das natürlich nicht so einfach. Suchen Sie sich daher ein ruhiges Plätzchen – im Notfall kann das auch die Toilette sein. Später wird es Ihnen wahrscheinlich gar nichts mehr ausmachen, wenn sich noch jemand im Zimmer aufhält. Dann können Sie Ihr Entspannungsprogramm jederzeit auch am eigenen Schreibtisch üben.
- Wenn Sie zu Hause sind, ist es oft leichter, ein paar freie Minuten zum Üben zu finden. Überprüfen Sie dazu Ihren Tagesablauf um die Mittagszeit. Sicher finden Sie ein immer wiederkehrendes »Loch«, das Sie mit Autogenem Training füllen können. Das kann die kurze Zeit sein, in der die Kinder nach der Schule ihre Sachen aufs Zimmer bringen und sich die Hände waschen, die Minuten, während das Wasser für die Nudeln kocht, oder die Zeit, in der die Waschmaschine noch schleudert, ehe das Waschprogramm beendet ist. Seien Sie kreativ und beharrlich – es geht schließlich um Sie.

Das ist abends zu beachten

Alles erledigt? Wenn der Tag zu Ende ist und Sie zu Bett gehen, könnte die letzte Handlung vor dem Einschlafen ebenfalls das Autogene Training sein. Sie nehmen dann noch einmal ganz gezielt Kontakt zu Ihrem Körper auf, beruhigen den Geist und lassen den Tag ebenso positiv ausklingen, wie Sie ihn begonnen haben. Am besten legen Sie sich dazu schon ins Bett und machen die Übungen im Liegen. Ganz wichtig: Wenn Sie vor dem Einschlafen noch gern etwas lesen oder ein bisschen fernsehen, führen Sie die Übungen erst danach durch.

- Schalten Sie das Licht aus und legen Sie sich auf den Rücken. Wenn Sie dann durch das Üben die richtige Bettschwere erreicht haben, können Sie sich – ohne Rücknahme! – gleich in Ihre gewohnte Schlafhaltung kuscheln. Gute Nacht!

Übrigens: Wenn es Ihnen schwer fällt, einzuschlafen, ist das abendliche Üben fast ein Muss. Denn es erleichtert Ihnen den Weg zu einem erholsamen Schlaf.

Wo üben?

Sie haben sich erst vor kurzem entschlossen, mit dem Autogenen Training zu beginnen? Kein Wunder, dass am Anfang alles noch recht neu für Sie ist und es Ihnen nicht immer auf Anhieb gelingt, tatsächlich abzuschalten. Gerade für Einsteiger ist es daher wichtig und hilfreich, möglichst viele Außenreize auszuschalten, bevor sie mit einer Übung beginnen. Überlegen Sie sich daher zunächst genau, wo es Ihnen am leichtesten fallen mag, sich für eine gewisse Zeit vom Alltag zu verabschieden und ein paar Minuten nur für und mit sich selbst zu verbringen. Denn mit der nötigen Ruhe ist bereits der erste Schritt zum Üben getan.

Ein ruhiges Plätzchen

Erfahrungsgemäß ist unser Lieblingsplatz auch der Ort, an dem wir am besten zur Ruhe kommen. Ob Sie nun einen Ohrensessel, die gemütliche Couch, Ihre Meditationsecke oder einen einfachen alten Holzstuhl lieben – ziehen Sie sich dorthin zurück und machen Sie es sich richtig bequem, ehe Sie mit dem Üben starten. Nach einiger Zeit werden Sie merken, dass Sie beim Autogenen Training unabhängig sind von äußeren Einflüssen. Sie können es dann jederzeit und überall ausüben. Vielleicht wundern Sie sich, dass Sie um die Vorbereitung nicht mehr Aufhebens machen sollen. Aber je mehr Sie zu Beginn auf Äußerlichkeiten Wert legen,

WICHTIG !

WANN SIE VOR DEM ÜBEN ZUM ARZT GEHEN SOLLTEN

Wie schon gesagt: Jeder gesunde Mensch kann die vereinfachte Form des Autogenen Trainings erlernen. Dadurch verfügen Sie über ein Mittel der Selbsthilfe gegen die kleinen Störungen des Alltags, gegen schlechte Angewohnheiten und zur Entwicklung von Selbstgefühl und Mut.

- Wenn Sie nicht ganz sicher sind, ob Sie wirklich gesund sind, sollten Sie sich vor dem Beginn des Übens gründlich untersuchen lassen. Ihr Arzt wird Sie beraten.
- Sprechen Sie auch mit Ihrem Arzt, wenn Sie während des Übens bemerken, dass Ihnen die eine oder andere Übung nicht so gut bekommt, wie Sie es erhofft hatten. Sagen Sie Ihrem Arzt aber auch, dass es sich hierbei um eine vereinfachte Form des Autogenen Trainings handelt, bei dem die Organübungen, wie J. H. Schultz sie entwickelt hat, weggelassen wurden.

desto eher werden Sie diese gewohnten Bedingungen und Hilfsmittel auch später fürs Üben brauchen. Sie werden sich dann schwerer tun, Autogenes Training bei jeder Gelegenheit anzuwenden – so, wie es eigentlich gedacht ist.
Ziehen Sie sich also nicht um und verdunkeln Sie den Raum, in dem Sie üben, nicht. Verhalten Sie sich im Gegenteil möglichst natürlich. Sie werden sehen, dass das Autogene Training auf diese Weise rasch zu einem selbstverständlichen Teil Ihres Tagesablaufes wird.

Die Übungshaltungen

Da es beim Autogenen Training in erster Linie darauf ankommt, sich gut zu entspannen, ist es hilfreich, die körperliche Entspannung auch durch bestimmte Übungshaltungen zu fördern. Auf diese Weise können Sie Ihrem Körper auf einfachem Wege signalisieren, dass Sie nun üben wollen. Sie werden sehen: Mit der Zeit schalten Sie schon dann automatisch einen Gang zurück, wenn Sie nur die Körperhaltung einnehmen, in der Sie das Autogene Training üben.
Aus diesem Grund lernen Sie auf den folgenden Seiten vier Haltungen kennen, die sich für Autogenes Training als besonders gut geeignet erwiesen haben. Denn sie ermöglichen es jedem von uns, die körperlichen Entspannungsvorgänge intensiv wahrzunehmen.

Liegen oder sitzen?

Je nachdem, in welcher Position es Ihnen leichter fällt, richtig abzuschalten, können Sie die Übungen des Autogenen Trainings im Liegen oder im Sitzen durchführen. Während es für das Liegen nur eine optimale Haltung gibt – nämlich die Rückenlage (Foto Seite 44) –, haben Sie beim Sitzen die Wahl, ob Sie in der besonders entspannenden Droschkenkutscher-Haltung (Foto Seite 45), in aufrechter entspannter Haltung (Foto Seite 46) oder lieber in der so genannten Flegel-Haltung (Foto Seite 47) üben möchten.

Für alle Fälle gewappnet

Unabhängig von Ihren persönlichen Vorlieben empfiehlt es sich jedoch, im Laufe der Zeit alle vier Positionen gut einzuüben. Denn damit schaffen Sie die ideale Voraussetzung, das Autogene Training zu allen Tageszeiten, in allen Situationen und an jedem Ort einsetzen zu können. Wenn Sie nämlich die so genannte Umschaltung – das Wichtigste am Autogenen Training – erst richtig gelernt haben, werden Sie merken, dass es keine Rolle mehr spielt, in welcher Haltung Sie Ihre Übungen durchführen. Und dann können Sie auf dem Schreibtischstuhl im Büro oder während der Fahrt im Bus ebenso gut abschalten wie zu Hause auf dem Sofa oder abends im Bett.

Die Liegehaltung

Das Üben in Rückenlage ist ideal für alle, die sich im Liegen besonders schnell entspannen können. Wenn Sie das Autogene Training im Bett ausführen wollen, müssen Sie diese Haltung sogar auf jeden Fall beherrschen.

Entspannt liegen

- Legen Sie sich bequem auf den Rücken. Sie liegen entspannt auf dem Untergrund – und zwar flach, nicht auf einer Seite, damit eine gewisse Symmetrie gewahrt bleibt. Die Beine sind ausgestreckt und ganz entspannt. Dadurch fallen die Fußspitzen automatisch leicht nach außen.
- Die Arme liegen locker, also nicht in Habt-Acht-Stellung, sondern ganz gelöst, neben dem Körper, die Handinnenflächen zeigen zur Unterlage.
- Der Kopf liegt entweder auf einem flachen Kopfkissen oder direkt auf der Unterlage, je nachdem, wie Sie es sonst gewöhnt sind, zu liegen. Wenn Sie ein Kopfkissen benutzen, sollten Sie darauf achten, den Hinterkopf nicht in das Kissen zu drücken. Denn dadurch kann es zu Spannungen der Nackenmuskulatur kommen – und die behindern den entspannenden Effekt des Autogenen Trainings nachhaltig. Wenn Sie Probleme mit dem Rücken haben, empfiehlt es sich, ein zweites kleines Kissen unter die Knie zu legen.
- Richten Sie den Blick zunächst geradeaus zur Decke. Mit Übungsbeginn schließen Sie dann die Augen, um sich besser konzentrieren zu können.

> Der Boden sollte für die Liegehaltung nicht zu kalt sein. Legen Sie falls nötig eine Decke unter.

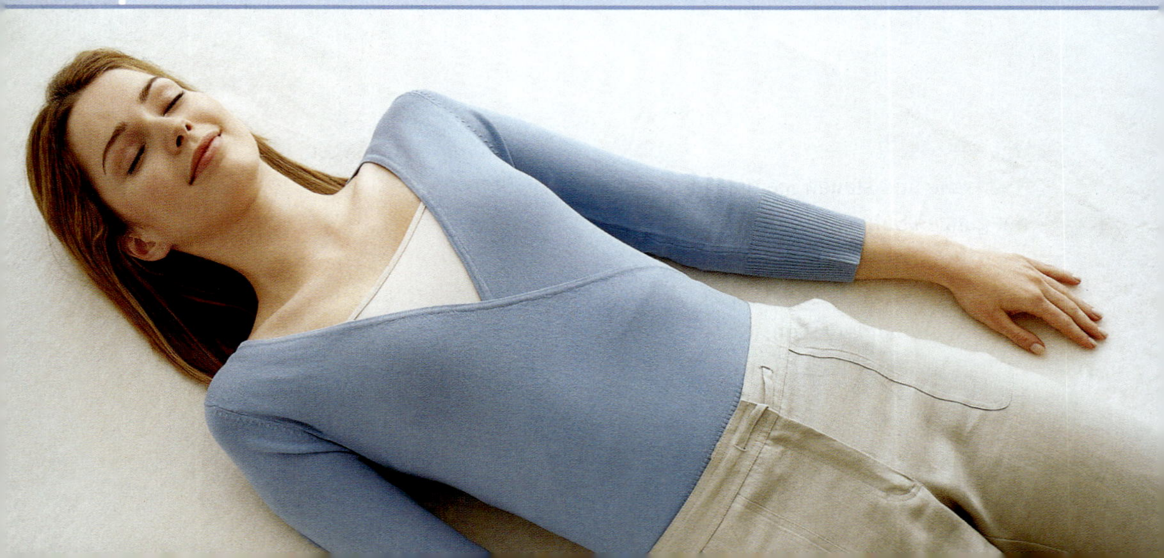

Die lässige Droschkenkutscher-Haltung

Die Droschkenkutscher-Haltung ist besonders unkompliziert. Ein einfacher Hocker ohne Lehne reicht bereits aus. Sie können die Position aber auch auf jeder anderen Sitzgelegenheit einnehmen. Da Sie auf der Sitzfläche ganz nach vorn rutschen müssen, sind auch Armlehnen nicht störend. Allerdings sollte die Sitzfläche weder zu niedrig noch zu weich sein, damit Sie nicht zu tief sitzen und Ober- und Unterschenkel ungefähr einen rechten Winkel bilden können.
J. H. Schultz hat diese Körperhaltung den Droschkenkutschern abgeschaut, die auf dem Kutschbock ein Nickerchen machten, während sie auf Kunden warteten. Auch wenn die Haltung auf den ersten Blick vielleicht etwas ungewöhnlich erscheinen mag: Wenn Sie es richtig machen, werden Sie feststellen, dass Sie auf diese Weise ganz gelöst sitzen, ohne einen Muskel anzuspannen.

> Damit der Bauch nicht gequetscht wird, dürfen Sie sich nicht zu weit vorbeugen.

Locker sitzen

- Rutschen Sie auf den vorderen Teil der Sitzfläche und stellen Sie die Füße mit der ganzen Sohle fest auf den Boden auf – die Unterschenkel stehen senkrecht zum Boden. Lassen Sie die Beine leicht auseinander fallen.
- Legen Sie die Arme entspannt auf die Oberschenkel, so dass die Hände nach innen herunterhängen, ohne einander zu berühren.
- Halten Sie sich zunächst gerade und lassen Sie dann den Oberkörper langsam nach vorn sinken. Der Kopf hängt vornüber, die Nackenmuskulatur ist möglichst entspannt.
- Schließen Sie die Augen.

Die aufrechte Sitzhaltung

Neben der entlastenden Droschkenkutscher-Haltung gibt es noch zwei weitere Möglichkeiten, das Autogene Training im Sitzen auszuüben. Suchen Sie sich also einfach die Haltung aus, die Ihnen am angenehmsten ist. Sicher kommt es dabei auch auf die Situation an, in der Sie üben. Vielleicht wollen Sie, wenn Sie das Autogene Training bereits sicher beherrschen, sich schnell einmal zwischendurch »erfrischen« – ohne dabei eine besonders auffällige Haltung einzunehmen –, etwa während eines anstrengenden Arbeitstages, vor einem wichtigen Termin oder nach mühevollen Stunden, in denen Sie mit Ihrem Kind Hausaufgaben gemacht haben. In diesen Fällen wäre zum Beispiel die aufrechte Sitzhaltung ideal geeignet. Sie klappt mit jeder einigermaßen bequemen Sitzgelegenheit, etwa einem Bürostuhl mit Armlehne, auf dem Sie wirklich gut entspannt und gelöst sitzen können. Auch zur Entspannung im Zug oder Flugzeug ist diese Haltung ideal.

> In der aufrechten Haltung entspannen Sie mit etwas Übung ganz unauffällig.

Möglichst unauffällig

- Rutschen Sie mit dem Gesäß auf der Sitzfläche nach hinten.
- Richten Sie sich hoch auf und lehnen Sie den Rücken bequem an.
- Strecken Sie die Beine so weit nach vorn, dass Sie sich entspannt fühlen, aber mit den ganzen Fußsohlen noch guten Bodenkontakt haben.
- Entscheiden Sie, ob Sie Ihre Arme lieber auf den Stuhllehnen ablegen oder ob sie besser auf den Oberschenkeln ruhen. Was fühlt sich entspannter an?
- Lassen Sie den Kopf locker und leicht an die Rückenlehne sinken, falls diese hoch genug ist. Anderenfalls lassen Sie ihn leicht nach vorn sinken.
- Schließen Sie die Augen.

Schließen Sie beim Üben die Augen und lassen Sie den Unterkiefer locker.

Die Flegel-Haltung

Wenn Sie ein paarmal geübt haben, sind Sie beim Autogenen Training völlig unabhängig von äußeren Einflüssen – im Gegensatz zu vielen anderen Entspannungsmethoden, für die Sie umfangreiche Hilfsmittel benötigen oder aufwändige und auffällige Stellungen einnehmen müssen. Daher können Sie es überall und jederzeit durchführen. Das Beste aber ist: Je unkomplizierter Sie die Methode angehen, desto selbstverständlicher gehört sie in Ihren Alltag.

Selbst in einer Haltung, die landläufig eher als salopp zu bezeichnen ist, lässt sich üben. Falls Sie also gerade keinen Stuhl in der Nähe haben, können Sie in jedem beliebigen Sessel in der so genannten Flegel-Haltung entspannen.
Übrigens: Bei allen Sitzhaltungen empfiehlt es sich, ein Kissen oder eine gefaltete Decke ins Kreuz zu schieben, wenn die Position für den Rücken unangenehm ist. Denn wenn Sie Schmerzen haben oder verkrampfen, haben Sie gar nichts von der Entspannungsübung.

Ganz bequem im Sessel

- Setzen Sie sich bequem zurecht und lehnen Sie Ihren Rücken an.
- Strecken Sie die leicht gespreizten Beine nach vorn, damit Sie möglichst entspannt sitzen. Achten Sie jedoch darauf, dass beide Füße mit der ganzen Sohle guten Bodenkontakt haben. Schlagen Sie die Beine nie übereinander.
- Legen Sie Arme und Hände bequem auf die Armlehnen. Lassen Sie die Hände aber nicht von der Lehne herabhängen, da dies unangenehme Empfindungen hervorrufen kann.
- Ist die Rückenlehne hoch genug (beispielsweise bei einem Fernsehsessel), legen Sie den Kopf entspannt zurück. Sie können ihn aber auch wie bei der aufrechten Sitzhaltung leicht nach vorn sinken lassen.
- Schließen Sie die Augen.

Vier Schritte zur Entspannung

Können Sie sich nach dem Pendelversuch die Wirksamkeit des Autogenen Trainings gut vorstellen? Beherrschen Sie die Rücknahme bereits und haben Sie sie verinnerlicht? Dann sind Sie gut vorbereitet, um die Übungen des Autogenen Trainings in seiner vereinfachten Form kennen zu lernen und es einmal selbst auszuprobieren. Die vier Grundübungen lauten:

- die Ruhe- und Schwere-Übung,
- die Wärme-Übung,
- die Atem-Übung.

Auf den folgenden Seiten finden Sie neben der ausführlichen Anleitung für die einzelnen Übungen spezielle Hilfeleistung – wie Sie die einzelnen Übungen wahrscheinlich erleben werden, was Sie dabei empfinden werden, was während der Übung im Körper geschieht und was Sie tun müssen, wenn Ihnen die Übungen nicht so recht gelingen wollen.
Falls Sie selbst keine Schwierigkeiten beim Üben haben, können Sie diese Textpassagen getrost auch übergehen und mit der jeweils nächsten Übung weitermachen.

Die Ruhe- und Schwere-Übung

Zunächst lernen Sie die beiden ersten Übungen der vereinfachten Form kennen, die Sie sich auch gleich in einem Zug aneignen können.

Die Ruhe-Konzentration

Die Ruhe-Übung ist in erster Linie eine atmosphärische Einstimmung auf das Autogene Training. Sie schaffen damit in sich einen Zustand, der sich von der äußeren aktiven, teilweise hektischen Situation des alltäglichen Lebens sehr deutlich unterscheidet.
Sie teilen Ihrem Körper dazu mit, dass Sie jetzt Ruhe und Konzentration brauchen. Damit schaffen Sie eine innere Situation der Entspannung und der Sammlung zur Vorbereitung auf die unmittelbar daran anschließende Schwere-Konzentration.

Vorbereitung

Machen Sie es sich an Ihrem Ruheplatz bequem und nehmen Sie diejenige Übungshaltung ein, die Ihnen am meisten zusagt (oder die Ihnen im Moment möglich ist).

- Sind Sie bereit? Dann lesen Sie bitte die Beschreibung der Übung einschließlich der Schwere-Formel auf der nächsten Seite (noch einmal) durch.
- Übernehmen Sie die Formeln wörtlich! Den Zustand, den Sie erreichen wollen, müssen Sie sich als gegenwärtig vorstellen (Präsens). Deshalb muss Ihre Formel lauten: »Ich bin ganz ruhig.« Denken Sie daran, dass abweichende Formulierungen Sie nicht zum gewünschten Ziel bringen würden.
- Sollten Sie sich stattdessen auf den Satz konzentrieren: »Ich werde ganz ruhig«, ist diese Botschaft auf die Zukunft bezogen. Eventuell reagieren Sie dann erst am nächsten Tag.

Die Ruhe-Formel ...

- Wenn Sie die Augen geschlossen haben, konzentrieren Sie sich zuerst auf die Formel:
  »Ich bin ganz ruhig.«

... in Kombination mit der Schwere-Formel

- Führen Sie die Übung mit der anschließenden Schwere-Übung weiter und beenden Sie sie, wie auf Seite 35 angegeben, mit der Rücknahme.

Die Schwere-Konzentration

Auch wenn sich nicht sofort innere Ruhe einstellt (das Ganze sollte nicht länger als etwa eine Minute dauern), führen Sie in jedem Fall nach der Ruhe-Konzentration die Schwere-Konzentration durch. Gerade am Anfang kann es zwar sein, dass Sie die eintretende Ruhe nicht deutlich spüren oder sie überhaupt nicht wahrnehmen.

Wenn das so ist, zweifeln Sie nicht an der Wirksamkeit des Autogenen Trainings: Die Übungen und die dadurch ausgelösten Veränderungen sind Ihnen lediglich noch ungewohnt. Geist und Körper sind noch nicht aufeinander eingeschworen – möglicherweise blockieren Sie sich durch eine gewisse Skepsis selbst in der Hingabe an Ihr Erleben.
Versuchen Sie in diesem Fall, Ihre Körperwahrnehmung auf eine bestimmte Stelle zu lenken. So nehmen Sie die Veränderungen am deutlichsten wahr. Probieren Sie es am besten mit den Armen aus, da diese den meisten von uns liebe und vertraute Körperteile sind. Linkshänder konzentrieren sich dabei auf den linken, Rechtshänder auf den rechten Arm.

Die Schwere-Formel

- Im Anschluss an die Ruhe-Formel stellen Sie sich dann vor:
  »Mein rechter (linker) Arm ist schwer.«

Die Rücknahme

- Nach zwei oder drei Minuten fühlen Sie sich ruhig, Ihr Arm ist schwer. Geben Sie sich nun die drei Befehle zur Rücknahme. Zunächst:
  »Arme fest!«

Das Ziel der Entspannung ist es, Körper und Geist wieder ins Gleichgewicht zu bringen.

- Ballen Sie die Fäuste und ziehen Sie die Arme mehrmals mit Schwung an den Körper heran. Konzentrieren Sie sich: »Tief ein- und ausatmen!«
- Bewusst mehrmals tief ein- und wieder ausatmen. Dann denken Sie: »Augen auf!«
- Öffnen Sie die Augen weit und nehmen Sie wieder Kontakt mit der Umwelt auf.

Was im Körper geschieht

Das Schwere-Erlebnis ist nicht nur ein psychisches Phänomen, sondern hat auch körperliche Auswirkungen. Dabei lassen sich als Vorboten und Begleiterscheinungen folgende Reaktionen feststellen:

- In den Fingern des/der übenden Arms/Hand taucht ein leichtes Kribbeln auf.
- Sie spüren ein leichtes Ziehen im Unterarm, im Ellbogen oder in der Schulter, und Sie haben das Gefühl, dass Ihre Hand und Ihr Unterarm an Volumen zunehmen, dass sie wachsen und größer werden.
- In einigen Fällen fühlt es sich an, als würden Ameisen über den Arm laufen, bei manchen Menschen stellt sich schon jetzt das Wärme-Gefühl ein.

Das Nervensystem schaltet auf Ruhe

Diese körperlichen Erlebnisse haben ihre Ursache in der Reaktion des Körpers auf das Autogene Training. Weil es Einfluss auf unwillkürlich ablaufende Vorgänge im vegetativen Nervensystem nimmt, kommt es allmählich dazu, dass der parasympathische Anteil überwiegt – mit allen daraus ableitbaren körperlichen Folgezuständen: Die Pupillen verengen sich, der Blutdruck sinkt, der Atem wird langsamer, der Speichelfluss wird angeregt, und die gesamte Muskelspannung nimmt ab. Darüber hinaus konnte nachgewiesen werden, dass die Kerntemperatur des Körpers absinkt, während die Hauttemperatur ansteigt und sich das Atem-Minuten-Volumen verringert.

Ein sicheres Anzeichen für den richtigen Weg

Wenn Ihnen während des Übens der Speichel im Mund vermehrt zusammenfließt und Sie deshalb öfter schlucken müssen, wenn die Augenlider vibrieren oder es im Darm kollert und bollert, sind Sie mit Sicherheit auf dem richtigen Weg, auch wenn Sie bislang weder ein Gefühl der Ruhe gespürt haben noch Ihr Arm spürbar schwer geworden ist.

Was Sie beim Üben erleben können

Je öfter Sie üben und je mehr Vertrauen Sie in die Fähigkeit entwickeln, die Übungen für sich optimal auszuführen und deren Effekt voll zu nutzen, desto deutlicher können Sie Folgendes wahrnehmen: Es entsteht eine angenehme Müdigkeit, eine leichte Schläfrigkeit. Es wird Ihnen außerdem immer leichter fallen, störende Außenreize abzublenden. Auch dadurch gelingt die Konzentration auf die Formeln immer besser. Sie fühlen sich geistig-seelisch entspannt.

Den eigenen Rhythmus finden

Bereits nach ein paar Tagen werden Sie ein paar Veränderungen an sich feststellen – immer vorausgesetzt, Sie üben regelmäßig dreimal täglich. So verändert sich beispielsweise das innere Vorsprechen, und Sie werden sich die Formeln jetzt viel ruhiger, langsamer und monotoner denken. Sie haben Ihren Eigenrhythmus gefunden. Gerade diese Monotonie ist eine sehr wichtige Voraussetzung, um zu körperlich-seelischen Umschaltungsphänomenen zu gelangen.
Wer schon einmal eine archaische Ekstasetechnik verfolgen konnte – zum Beispiel während einer Fernreise oder in einem Dokumentarfilm –, der weiß, zu welchen intensiven Bewusstseinsveränderungen Monotonie und Rhythmisierung führen können. Ein ähnlicher Effekt ist auch von musikalischen Monotonien bekannt, beispielsweise von den Kulttänzen der afrikanischen Eingeborenen. Indem auch Sie auf die Monotonie beim Konzentrieren achten, erreichen Sie schneller Ihr gewünschtes Ziel: die komplette Entspannung.

Der überwache Bewusstseinskern

Ein weiterer psychologischer Faktor, der sich bei regelmäßigem Üben einstellt, wird als Einengung des Bewusstseinsfeldes oder auch als innere Sammlung bezeichnet. Durch die Konzentration der Gedanken auf den Arm kommt es bald zu eindeutig wahrnehmbaren Veränderungen des Denkens, wie es auch von verschiedenen Meditationspraktiken bekannt ist. Dieser Vorgang soll mit Hilfe eines Beispiels nochmals verdeutlicht werden: Stellen Sie sich eine hell erleuchtete Bühne vor, auf der Sie verschiedene Requisiten gleichmäßig verteilt sehen, etwa Möbel, Teppiche, Bilder und Wände. Nach und nach wird die Bühne nun immer mehr abgedunkelt, bis auf einen einzigen hellen Punktscheinwerfer, der lediglich einen Gegenstand in der Mitte der Bühne erhellt. Zum Schluss sind alle an der Seite und im Hintergrund der Bühne befindlichen Requisiten völlig im Dunkeln verschwunden, und Sie sehen nur noch den angestrahlten Gegenstand in der Mitte. Ganz etwas Ähnliches geschieht beim Autogenen Training durch die allmähliche Abschaltung und Abblendung äußerer Reize, während sich das Bewusstsein gleichzeitig auf einen einzigen Ausschnitt konzentriert, der – wie im Beispiel oben – nun wie von einem Scheinwerferlicht hell beleuchtet erscheint und in den Vordergrund tritt. Fachleute sprechen daher von einem überwachen Bewusstseinskern.

Beim gegenwärtigen Stand der Übungen ist dieser überwache Bewusstseinskern das Schwere-Erlebnis der Muskelentspannung im rechten beziehungsweise linken Arm. Ihn gilt es durch das Autogene Training zu erlangen.

Hilfe bei möglichen Schwierigkeiten

Die folgenden beiden Abschnitte sind nur für jene Leser gedacht, bei denen sich die Schwere im rechten oder im linken Arm trotz regelmäßigen intensiven Übens nicht eingestellt hat. Da jedoch darüber hinaus beim Üben auch andere Probleme auftauchen können, finden Sie ab Seite 55 viele weitere praktische Antworten auf immer wiederkehrende Fragen.

Die richtige Atmung

Spürt sich der Arm trotz intensiven Trainings unverändert an, könnte das richtige Atmen eine gewisse Hilfe darstellen, um den gewünschten Zustand zu erreichen. Das Einatmen ist ja immer ein aktiver Vorgang, das Ausatmen geschieht dagegen eher passiv. Diesen Vorgang sollten Sie für Ihren Erfolg ausnutzen, denn so viel ist klar: Eine Formel, die auf Entspannung zielt, wird sicher besser angenommen, wenn sie in der Entspannungsphase – also der Ausatmungsphase – aufgenommen wird und nicht in der aktiven Phase des Einatmens.

Die nachfolgende kurze Anleitung soll Ihnen deshalb dabei helfen, sich besser auf die Ruhe- und Schwere-Formel im natürlichen Rhythmus Ihres Atems zu konzentrieren.

Die Formeln fließen lassen

- Legen Sie sich entspannt auf den Rücken, schließen Sie die Augen und atmen Sie ein paarmal ruhig und tief ein und aus, bis Sie das Ausströmen des Atems besonders angenehm und gelöst erleben. Sie sollten sozusagen eins werden mit der Atmung.
- Wenn Ihnen das gelungen ist, versuchen Sie, Ihre Ruhe-Formel in das Auf und Ab der Atmung hineinzulegen. Und zwar so, dass Sie sich während des

INFO

ZWEIFEL WIDERLEGEN

Pendel- und Fallversuch (siehe nächste Seite) sind gleichermaßen geeignet, das dem Autogenen Training zugrunde liegende wichtigste Prinzip deutlich zu machen – nämlich die Möglichkeit, durch Gedanken unwillkürliche und zunächst unbemerkte körperliche Reaktionen in Gang zu setzen. Sie sind daher ideal geeignet, Zweifel und Kritik am Erfolg dieser Methode aus dem Weg zu räumen.

Einatmens auf den ersten Teil konzentrieren – »Ich bin …« – und während des Ausatmens auf den zweiten Teil – »… ganz ruhig«.

- Das Gleiche gilt für die Schwere-Übung, die Sie ebenfalls mit dem Atem denken – beim Einatmen: »Mein rechter Arm …«, beim Ausatmen: »…ist schwer«.

Die Einstellung überdenken

Nicht selten sind wir es selbst, die uns am Erfolg hindern. Und so ist es auch häufig deshalb so schwierig, die Schwere zu erleben, weil der oder die Übende der Technik skeptisch und kritisch gegenübersteht. Diese Haltung wird häufig in der Frage formuliert: »Ist das nicht alles nur Einbildung?« Doch abgesehen von der theoretischen Widerlegung dieser Auffassung (siehe dazu auch die wissenschaftliche Abhandlung auf Seite 20 ff.), muss in diesem Zusammenhang nur an den bereits beschriebenen Pendelversuch erinnert werden. Wenn Sie selbst Zweifel haben, führen Sie diesen am besten noch einmal genau nach den Anweisungen von Seite 33 durch. Sofern dieser Test gelingt, dürfte die Frage beantwortet sein. Gelingt der Pendelversuch nicht, wäre zu klären, worauf Sie Ihre Gedanken wirklich gelenkt haben. Dabei werden häufig fehlerhafte Einstellungen sichtbar. Vielleicht haben Sie sich nicht richtig konzentriert: »Das Pendel soll sich bewegen« oder »Das Pendel wird sich gleich bewegen«. In diesen Fällen kann es durchaus sein, dass Sie keine Veränderung sehen beziehungsweise spüren. Analog hierzu könnte der Fehler in der Schwere-Konzentration darin bestehen, dass Sie »Der Arm wird schwer« oder »… soll schwer werden« denken. Richtig dagegen ist es, sich darauf zu konzentrieren: »Der Arm ist schwer« beziehungsweise »Das Pendel bewegt sich«. Nur damit wird der Erfolg der Konzentration bereits vorweggenommen, was sich als unabdingbare Voraussetzung für die nachfolgende körperliche Veränderung erwiesen hat.

Der Fallversuch

Ein anderer Versuch, die Kraft der Gedanken nachzuweisen, ist der so genannte Fallversuch:

- Sie stellen sich so vor einen Lehnstuhl, als ob Sie sich setzen wollten. Bleiben jedoch stehen, ohne den Stuhl zu berühren.
- Schließen Sie die Augen. Denken Sie: »Ich falle nach hinten.«
- Erneut werden Sie feststellen können, wie dieser Gedanke im Körper, genauer gesagt in der Muskulatur, wirksam wird. Es kommt zu einem leichten Schwanken nach hinten, das meist durch eine Gegenbewegung wieder ausgeglichen wird. In seltenen Fällen gerät die Schwankung nach hinten gar so deutlich, dass sich die Versuchsperson spontan in den Sessel setzt.

PROBLEME BEI DER RUHE- UND SCHWERE-ÜBUNG

Ich habe nach der Übung Muskelkater. Was mache ich falsch?

Wenn Sie nach der Ruhe-und Schwere-Übung Muskelkater bekommen (obwohl Sie doch das Gegenteil erreichen wollten), kann das daran liegen, dass Sie zu aktiv (!) darum bemüht waren, den Arm schwer werden zu lassen. Bei diesem Versuch haben Sie so viel Spannung verursacht wie bei jeder anderen schweren Anstrengung auch. Und davon haben Sie jetzt Muskelkater.
Sie müssen also bei der Schwere-Übung darauf achten, Ihren Arm nicht bewusst schwer zu machen. Das geschieht von allein, wenn Sie sich vorstellen, dass er immer schwerer wird. Unter Umständen ist Ihre Verspannung auch auf Ihre Haltung zurückzuführen. Wenn Sie falsch sitzen, verkrampfen sich die Muskeln ebenfalls – in diesem Fall brauchen Sie bei der nächsten Übungsrunde nur Ihre Haltung korrigieren (siehe dazu Seite 44 bis 47).

Ich kann mich gerade nachmittags nur schwer konzentrieren, weshalb mir eine Freundin Autogenes Training empfahl. Doch bereits nach der Ruhe- und Schwere-Übung war mein Nacken verspannt – von Entspannung keine Spur. Wie lässt sich das vermeiden?

Verspannungen im Nacken können daher kommen, dass Sie beim Üben den Kopf zu weit hinuntersinken lassen. Manch einer hat auch einen eher kurzen Hals, und der ist dann besonders schnell verspannt.
Sie können dieses Problem lösen, indem Sie in der Flegel-Haltung üben und dabei mit dem Gesäß auf dem Stuhl etwas weiter nach vorn rutschen, weil dann der Kopf nicht so leicht nach vorn fällt. Wird das Spannungsgefühl dadurch nicht verringert oder aufgehoben, halten Sie den Kopf senkrecht. Wenn Sie zu Hause üben, können Sie auch die Liegehaltung einnehmen, die ebenfalls sehr nackenfreundlich ist.

Mich hat bereits die Ruhe- und Schwere-Übung scheinbar so entspannt, dass ich dabei eingeschlafen bin. Wie bleibe ich wach?

Wenn Sie beim Training einschlafen, ist das keineswegs negativ zu beurteilen. Schließlich ist der Zustand während des Autogenen Trainings mit einer gewissen Müdigkeit und Schläfrigkeit gekoppelt, die bei der abendlichen Übung sogar zwanglos in den Schlaf übergehen. Sollte das Einschlafen jedoch als störend empfunden werden, wenn es beispielsweise gleich zu Beginn der Übung erfolgt, so schafft in der Regel der vor der Übung gefasste Vorsatz: »Ich führe meine Übung konsequent bis zum Ende durch« leicht Abhilfe.

Mir ist während der Übung schwindlig geworden. Was stimmt nicht?

Das bei den Übungen des Autogenen Trainings sehr selten auftretende Schwindelgefühl können Sie abfangen, indem Sie sich nach der Übung kurz hinlegen und die Beine hochlagern (zum Beispiel auf ein dickes Kissen, auf einen Polsterhocker oder auf die Armlehne des Sofas).
Der Grund für das Schwindelgefühl: Wenn Sie Ihren Organismus ruhig stellen, also das unwillkürliche Nervensystem von aktiv auf passiv umstellen, kann das natürlich auch Nebenwirkungen mit sich führen. Sei es, weil Ihr Nervensystem besonders sensibel reagiert oder weil Sie sich besonders gut konzentrieren können.
Auch wenn die Übung zu sehr ausgedehnt wird, überwiegen die Nebenwirkungen. Achten Sie also genau auf die Zeit. Wenn jemandem schwindlig wird, liegt das meistens daran, dass er länger als die empfohlenen zwei Minuten in der Übung konzentriert war. Denken Sie deshalb beim nächsten Mal daran: Keine Übung länger als zwei Minuten!

Nach dem Üben ist in meinem Arm ein unangenehmes Schwere-Gefühl zurückgeblieben. Was kann ich dagegen tun?

Wenn nach der Schwere-Übung ein unangenehmes Schwere-Gefühl im Arm zurückbleibt, haben Sie möglicherweise die Übung nicht richtig zurückgenommen. Erinnern Sie sich: Haben Sie die Rücknahme in der richtigen Reihenfolge der Schritte gemacht (»Arme fest!«, »Tief ein- und ausatmen!«, »Augen auf!«)? Viele Menschen machen den Fehler, bei der Rücknahme als Allererstes die Augen zu öffnen. Diese kleine Bewegung ist bei vielen beinahe schon ein Reflex. Wenn auch Sie dazu neigen, müssen Sie diesen Reflex bewusst unterdrücken. Lesen Sie das Kapitel über die Rücknahme noch einmal genau durch. Denn wenn Sie alle Punkte Schritt für Schritt und in der richtigen Reihenfolge durchführen, ist das Schwere-Gefühl bestimmt verschwunden.

Mein Arm wurde schwer und warm zugleich. Ist das richtig?

Das vorzeitige Auftreten eines Wärme-Gefühls im Übungsarm ist eine Begleiterscheinung, die durchaus auftritt und physiologisch zu erklären ist.
Dennoch ist es zu diesem Zeitpunkt besser, die Wärme nicht weiter zu beachten und sich ganz speziell auf die Schwere zu konzentrieren. Das Erlernen des Autogenen Trainings wird gerade in der Anfangsphase durch eine derartige, in kleine Schritte gegliederte Vorgehensweise erleichtert. Sie erkennen so genau, welche Fortschritte Sie machen, und wissen, welche Übung Sie bereits sehr gut beherrschen und welche weniger.

Ich spüre die Schwere nicht nur im Arm, sondern im ganzen Körper. Mindert das den Erfolg der Übung?

Dieses als überstürzte Generalisation zu bezeichnende Phänomen tritt vor allem bei sportlich durchtrainierten Menschen auf. Breitet sich das Schwere-Gefühl bereits jetzt über den ganzen Körper aus, ist es ratsam, die Übung langsam und Schritt für Schritt aufzubauen – so wird das (meditative) Denken durch die Übung besser geschult.
Andererseits sollten gerade sehr gewissenhafte Menschen in der Übung weiter fortfahren, auch wenn sie noch nicht das Gefühl einer hundertprozentigen Schwere-Realisation im Arm haben.

Ich kann mich nicht auf die Übung konzentrieren. Wie kann ich meine Gedanken besser lenken?

In dieser Klage liegt der häufigste Fehler zugrunde, den Sie beim Autogenen Training machen können: Man übt zu selten und versucht dann, dieses Versäumnis durch längeres Üben auszugleichen. Länger als zwei Minuten aber kann und soll man sich nicht so intensiv konzentrieren, wie es diese Methode verlangt. Sonst wandern die Gedanken einfach ab. Seien Sie also ein bisschen konsequenter – es ist zu Ihrem eigenen Besten. Üben Sie dreimal täglich, dafür aber wirklich nur jeweils zwei Minuten. Bleiben Sie dabei, auch wenn sich der gewünschte Effekt nicht so rasch einstellt, wie Sie gehofft hatten. Sie werden bald sehen, wie sich das Autogene Training immer mehr auf Ihr Wohlbefinden auswirkt.

Ich stelle mir beim Üben vor meinem geistigen Auge gerne eine entspannende Situation vor, wie ich sie in einem schönen Urlaub erlebt habe. Ist das überhaupt hilfreich?

Nicht richtig ist es, wenn Sie sich (gerade als Einsteiger) während der Übung zum Beispiel einen schönen, ruhigen Ort vorstellen, etwa eine grüne Wiese oder einen Südseestrand in allen Einzelheiten. Zwar ist auch hierdurch ein angenehmer Zustand von Entspannung zu erzielen. Letztlich läuft diese Vorgehensweise jedoch der Absicht des Autogenen Trainings zuwider. Schließlich geht es darum, die Fähigkeit zu einer schnellen körperlichen und seelischen Umschaltung zu entwickeln.
Versuchen Sie also, sich ausschließlich auf Ruhe oder Schwere zu konzentrieren und auf das, was dabei in Ihrem Körper geschieht. Bei regelmäßigem Üben wird Ihnen dies immer besser gelingen. Sie werden dann bildliche Vorstellungen nicht mehr brauchen.

Der Weg zur Generalisation

Wer beim Üben ein Schwere-Erlebnis in einem Arm gespürt hat, bei dem kommt es allmählich zu einer Ausbreitung dieses Erlebnisses im Körper. Dieses Phänomen wird als Generalisation bezeichnet und beruht auf dem zweiten psychobiologischen Grundgesetz. Dieses lautet: Jede Teilentspannung hat die Tendenz, sich auf alle Teile auszudehnen.

WICHTIG !

DREI SCHRITTE ZUM EFROLG

Vergessen Sie nicht, dass es vor allem drei Dinge sind, die zum Erfolg des Autogenen Trainings beitragen:

- Denken Sie daran, sich alle Formeln langsam und monoton innerlich vorzusprechen.
- Üben Sie nicht länger als ungefähr zwei Minuten – ganz gleich ob Sie mit dem Ergebnis zufrieden sind oder nicht.
- Der Rücknahmevorgang bleibt auch bei sich verändernden Formeln immer in der beschriebenen Weise gleich. Und: Je mehr Sie die Umschaltungsvorgänge körperlich spüren, desto nachdrücklicher müssen Sie den Rücknahmevorgang durchführen.

Sind Sie ein Quer- oder ein Längstyp?

Bei der Ausdehnung wird in zwei Typen unterschieden: den Quertyp und den etwas selteneren Längstyp. Beim Quertyp erfasst das Schwere-Erlebnis zunächst den anderen Arm – beim Rechtshänder also den linken, beim Linkshänder den rechten Arm. Beim Längstyp dagegen breitet es sich vom Arm ausgehend über die jeweilige Körperseite aus. Danach erst erreicht das Schwere-Erlebnis auch die andere Seite, bis es schließlich auf den ganzen Körper übergreift.

Die passende Formel

- Sobald Sie ein Schwere-Gefühl auch im anderen Arm erleben, sollten Sie mit der Kurzformel arbeiten. Das Wörtchen »sind« ist nun bereits entbehrlich. Die Formel lautet daher:
  »Ich bin ganz ruhig – beide Arme schwer.«
- Sollten Sie das Schwere-Gefühl nicht nur im Übungsarm, sondern auch im Bein der gleichen Körperseite wahrnehmen, konzentrieren Sie sich:
  »Ich bin ganz ruhig – rechte (linke) Seite schwer.«

Die Ausbreitung unterstützen

- Ist es nach einigen Tagen zu einer immer deutlicher erkennbaren Ausbreitung des Schwere-Erlebnisses gekommen, denken Sie:

Mit Hilfe des Autogenen Trainings können Sie Kraft und neuen Schwung für den Alltag tanken.

»Ich bin ganz ruhig – Arme und Beine schwer.«

- Bei weiterem regelmäßigem Üben stellt sich auf diese Weise immer schneller und zuverlässiger ein angenehmes Schwere-Gefühl im ganzen Körper ein. Wie lange es jedoch tatsächlich dauert, ist von Typ zu Typ unterschiedlich. Bei manchen kann es schon nach wenigen Tagen der Fall sein, bei anderen wieder dauert es mehrere Wochen.

Die Kurzformel

- Je geübter Sie sind, desto prägnanter können auch die Formeln werden, die Sie zum Entspannen brauchen. In der Folgezeit können Sie die Formel daher weiter reduzieren auf:

»Ruhe – Schwere.«

- Diese Formulierung genügt dann schon als Signalreiz (Code), um die bereits erlernten Umschaltungsvorgänge auszulösen. Ein solches Zusammenfassen der Konzentrationen hat sich gut bewährt, auch alle nachfolgenden Formeln können kurz und prägnant eingebaut werden. Somit ist der erste Schritt zur Selbstversenkung getan, und Sie können zum zweiten Schritt übergehen und die Wärme-Übung zu studieren.

Die Wärme-Übung

So wie Sie sich bei der Schwere-Übung auf das Schwere-Gefühl in Ihrem Körper konzentriert haben, lernen Sie jetzt, sich auf ein Wärme-Gefühl zu konzentrieren und auf diese Weise Ihren Kreislauf in gewissem Maße zu beeinflussen.

Über die Körperwärme

Der Mensch ist – im Gegensatz zu manchen Tieren, beispielsweise Reptilien – ein Wesen, dessen Körpertemperatur stets gleich bleibt. Unsere Organe können nur dann reibungslos funktionieren, wenn die Körpertemperatur konstant bei etwa 37 Grad Celsius liegt.
Diese Temperatur gleich bleibend zu halten ist für den Körper nicht einfach, denn zwei Faktoren führen zu natürlichen Schwankungen: der dauernde Verlust von Wärme nach außen und die unterschiedliche Wärme-Produktion im Körper, die von Stoffwechselvorgängen und körperlicher Aktivität abhängig ist.
Es ist die Aufgabe unseres Blutkreislaufs, dafür zu sorgen, dass dieser dauernde Wechsel weder zur Auskühlung noch zur Überwärmung unseres Körpers führt.

Blut transportiert Wärme

Der Temperaturausgleich geschieht über die Körperoberfläche. Unsere Haut ist durchzogen von einem Netz kleiner und kleinster Blutgefäße, die die Fähigkeit haben, ihr Volumen zu verändern. In warmer Umgebung erweitern sich diese Blutgefäße, die Haut wird stärker durchblutet und überschüssige Wärme aus dem Körperinneren nach außen geleitet und abgegeben.
In kalter Umgebung verengen sich die Blutgefäße dagegen und halten die Wärme im Körper zurück. Dieser sehr empfindlich reagierende Mechanismus wird reguliert vom vegetativen (autonomen) Nervensystem. Ein bewusster, willkürlicher Einfluss auf diese Regulationsvorgänge ist nicht möglich. Weil aber das Autogene Training auf das vegetative Nervensystem einwirkt, kann es auch das Gefäßsystem – vor allem an Armen, Händen, Beinen und Füßen – und damit die Wärme-Regulation des ganzen Körpers beeinflussen. Und dass Gedanken oder Gemütsbewegungen auf das Gefäßsystem Einfluss nehmen können, hat wohl jeder schon mal erfahren: So führt zum Beispiel Scham zum Erröten, weil die Gefäße der Gesichtshaut weit gestellt werden. Angst lässt uns erblassen – eine Engstellung derselben Gefäße.

Sich-warm-Denken macht warm

Bei der Schwere-Übung haben Sie sich einer Schwere-Vorstellung hingegeben, um die Muskulatur gezielt zu entspannen. Bei der Wärme-Übung führen Sie nun eine Wärme-Konzentration durch, um eine Veränderung des Gefäßsystems zu erreichen. Dazu wird das Signal »Wärme«

benutzt, auf das Sie sich konzentrieren, um durch die Empfindung der Wärme die Blutgefäße zu beeinflussen. Wenn nämlich das Gehirn das Signal bekommt: »Der Arm ist warm«, gibt es automatisch an die Blutgefäße in diesem Körperteil den Befehl, sich weit zu stellen. So kann mehr Blut an die Körperoberfläche strömen, und einem Temperaturanstieg im Körperinneren wird vorgebeugt. Der Wärme-Haushalt wird vor allem über die kleinen Gefäße an der Körperperipherie geregelt, also über die Eng- und Weitstellung der Gefäße an den Gliedmaßen. Aus diesem Grund beginnen Sie mit der Wärme-Konzentration in den Armen – bis zuletzt der ganze Körper beteiligt ist.

Die Wärme-Konzentration

Ehe Sie mit der nun folgenden Übung beginnen, schaffen Sie sich zunächst wiederum eine Atmosphäre, in der Sie sich entspannen können.

Vorbereitung

- Machen Sie es sich wieder an Ihrem Ruheplatz bequem. Sind Sie bereit? Dann lesen Sie die Formel (noch einmal) durch.
- Wenn Sie Rechtshänder sind, übernehmen Sie bitte wörtlich:
  »Rechter Arm warm.«
- Wenn Sie Linkshänder sind, sagen Sie:
  »Linker Arm warm.«

Die Wärme-Formel

Die vollständige Formel beinhaltet dann alle drei Grundübungen:

- »Ruhe – Schwere – rechter Arm warm«
  oder
- »Ruhe – Schwere – linker Arm warm.«
  Die Konzentration der Wärme kann verstärkt werden durch den Zusatz:
- »... strömend warm.«
- Nehmen Sie auch diese Übung wieder wie gewohnt zurück:
  »Arme fest!«
  »Tief ein- und ausatmen!«
  »Augen auf!«

DER KREISLAUF BRAUCHT TRAINING

INFO

Die Wärme-Übung hat eine wichtige Funktion: Das Gefäßsystem kann seine lebensnotwendige Aufgabe nur erfüllen, wenn es seine Flexibilität behält, wenn es trainiert wird durch ständige Reize, etwa durch raschen Wechsel der Außentemperatur oder körperliche Aktivitäten. Weil wir heute in geheizten oder klimatisierten Räumen leben, uns bei Kälte durch Kleidung schützen und uns kaum noch bewegen, bieten wir dem System Kreislauf nur wenige dieser wichtigen Reize an. Hier bietet das Autogene Training Hilfe, weil es die Gefäße trainiert.

Wie Sonnenstrahlen sollte bei der Wärme-Übung ein Gefühl der Wärme den Körper durchströmen.

Die Generalisation des Wärme-Erlebnisses

Bereits nach einigen Tagen regelmäßigen Übens wird sich allmählich ein angenehmes Wärmegefühl über den ganzen Arm ausdehnen. In den meisten Fällen geht es von der Ellbogen-Unterarm-Region aus, manchmal auch von der Hand. Schneller als bei der Schwere-Übung kommt es dabei auch zu einer Ausbreitung des Wärme-Gefühls auf den anderen Arm (beim Quertyp) oder auf das Bein (beim Längstyp).

Die Kurzformel

- Breitet sich das Wärme-Gefühl über den Arm hinaus aus, können Sie zu der kürzeren Formel übergehen:
  »Ruhe – Schwere – beide Arme warm«
  oder
- »Ruhe – Schwere – rechte (linke) Seite warm.«
- Sobald dieser Zustand erreicht ist, können Sie übergehen zu der Formel:
  »Ruhe – Schwere – Arme und Beine warm.«
- Beenden Sie jede Übung mit der Rücknahme.

Was im Körper geschieht

Das Herz und die Blutgefäße – Arterien, Kapillaren (kleine und kleinste Blutgefäße) und Venen – sorgen für die Verteilung des Blutes in den Organen und in den äußeren Bereichen des Körpers (Körperperipherie) sowie für seinen Rückstrom zum Herzen. Den jeweiligen Bedürfnissen des Körpers entsprechend, wird die Verteilung des Blutes durch das autonome (vegetative) Nervensystem gesteuert. Dies geschieht, wie zu Anfang dieses Kapitels schon kurz geschildert, durch eine Weitstellung der Gefäße in den Gebieten, in denen gerade ein höherer Bedarf an Blut besteht, während

gleichzeitig die Gefäße in anderen Körperregionen eng gestellt werden.
Die Muskulatur in den Arterienwänden und kleine Ringmuskeln an den Abzweigungen der Kapillaren reagieren auf Reize des Sympathikus mit Engstellung, also mit Zusammenziehen. Überwiegt der vom Sympathikus gesteuerte Anteil des vegetativen Nervensystems, werden die Gefäße eng gestellt, was zu einem geringen Blutdurchfluss führt. Eine Verminderung der sympathischen Aktivität dagegen führt zu einer Weitstellung der Gefäße und damit zu einer besseren Durchblutung des entsprechenden Körpergebietes.

Der Parasympathikus stellt die Gefäße weit

Wie bereits erklärt, besteht der wichtigste Mechanismus beim Autogenen Training in einer Veränderung des Gleichgewichts im vegetativen Nervensystem zugunsten des Parasympathikus. Dieser Effekt zeigt sich besonders deutlich durch eine Weitstellung der Gefäße an Händen, Armen, Füßen und Beinen, denn diese sind besonders reich an Blutgefäßen. Erweitern sich diese, führt dies zu einer stärkeren Durchblutung der Gliedmaßen.
Das vermehrte Blutvolumen kommt aus dem Körperinneren, ist also wärmer und führt so zu einer messbaren Erwärmung der Extremitäten. Dementsprechend sinkt die Körperkerntemperatur (Rektaltemperatur) ab.

Messbarer Anstieg der Temperatur

Dieser Umstand erklärt den von vielen Forschern nachgewiesenen Anstieg der Haupttemperatur an Händen und Füßen während des Autogenen Trainings – durchschnittlich sind es zwei bis drei Grad Celsius, in einigen Fällen sogar fünf Grad und mehr. Auch der Abfall der Körperkerntemperatur konnte nachgewiesen werden. In diesem Zusammenhang kann daher zu Recht von einer so genannten vasodilatatorischen Potenz, also einer gefäßerweiternden Kraft des Autogenen Trainings gesprochen werden.

Hilfe bei Schwierigkeiten

Jahrelange Erfahrungen haben ergeben, dass Schwierigkeiten bei der Wärme-Übung sehr viel seltener auftreten als bei der Schwere-Realisation. Allerdings gilt dies nur für Menschen mit gesunden Gefäßen und nicht für belastete Patienten wie Hypertoniker, also Menschen mit Bluthochdruck. Die folgenden Abschnitte sind deswegen nur für jene Leser gedacht, die Fragen zur Wärme-Übung haben, weil sie trotz aller Erwartungen Schwierigkeiten mit dem Wärme-Gefühl hatten. Dennoch sollte auch ein erhöhter Blutdruck Sie nicht vom Autogenen Training abhalten (unbedingt nach Absprache mit Ihrem Arzt). Denn durch regelmäßiges Üben kann sich der Wert durchaus verbessern (siehe auch Seite 101 und 104 f.).

PROBLEME BEI DER WÄRME-ÜBUNG

Meine Arme und Beine werden bei der Wärme-Übung trotz intensiven Übens nicht warm. Was mache ich falsch?

Wenn Sie während der Wärme-Übung mit kalten Armen und/oder Beinen zu kämpfen haben, leiden Sie sicherlich auch sonst oft unter kalten Händen und kalten Füßen. Das ist zwar nicht krankhaft, wird aber durch eine gewisse Fehleinstellung der Gefäßregulierung verursacht.

Wenn Sie zu dieser Fehlregulierung neigen, ist es hilfreich, Hände und/oder Füße vorzubehandeln, bevor Sie mit der Wärme-Übung starten. Erwärmen Sie sie dazu zum Beispiel über der Heizung. Noch besser: Baden Sie Füße und/oder Hände einige Minuten lang in 35 bis 38 Grad warmem Wasser, bis Sie das Gefühl haben, sie sind richtig gut durchwärmt. Dadurch vermeiden Sie, beim Üben jedes Mal wieder zunächst eine extrem ungünstige Ausgangslage zu überbrücken. Wenn Sie öfter in die Sauna gehen, kennen Sie das Vorgehen: Denn auch vor dem ersten Saunagang sollten Sie die Füße vorwärmen, um schneller schwitzen zu können.

Ich hatte bei der Wärme-Übung ein zu starkes Wärme-Gefühl. Wie kann ich die Wirkung abschwächen?

Wie bei der Schwere-Übung, so kann es auch bei der Wärme-Übung zu einer überschießenden Reaktion kommen: Sie spüren, wie der ganze Körper regelrecht von Wärme überflutet wird.

In diesem Fall sollten Sie sich ganz bewusst auf die Einstiegsformel »Ruhe – Schwere – rechter (linker) Arm warm« konzentrieren, also auch diesen Übungsteil bewusst Schritt für Schritt aufbauen. Sollte das unangenehme Wärme-Gefühl trotzdem wiederkehren, versuchen Sie, mit der Formulierung »... angenehm warm« der Wärme-Suggestion überschüssige Energie zu nehmen und sie für sich persönlich optimal einzustellen.

Nachdem ich die Ruhe- und Schwere-Übung beherrsche, wollte ich auch die Wärme-Übung erlernen. Mir wurde jedoch schwindlig, und mein Kopf wurde unangenehm heiß. Ist das normal?

Solche Fälle sind selten. Treten diese Körpergefühle aber doch einmal auf, ist es besonders wichtig, den Blutdruck von einem Arzt kontrollieren zu lassen. Weicht er von der Norm ab, sollten Sie nicht selbstständig weiterüben – auch nicht mit der vereinfachten Form des Autogenen Trainings –, sondern sich zunächst einer ärztlichen Behandlung unterziehen.

Entspannung auf Befehl

Dass Ihnen nach einiger Zeit auch die dritte Übung in Fleisch und Blut übergegangen ist, merken Sie daran, wie leicht und unproblematisch sich Ihr gesamter Körper entspannt und sich ein wohliges und willkommenes Gefühl der Schwere und Wärme einstellt. Man könnte sagen, Ihr Körper kennt sich jetzt aus und braucht tatsächlich nur noch ein paar Stichworte, um richtig zu reagieren.

Die Kurzformel

- Arbeiten Sie von jetzt an mit der Kurzformel, um Ihren Körper auf die Gesamtentspannung umzuschalten: »Ruhe – Schwere – Wärme.«
- Rücknahme nicht vergessen!

Die organismische Gesamtumschaltung

Wenn sich die Gesamtentspannung nach einiger Zeit so gut einstellt, werden Sie feststellen, dass Sie Ruhe, Schwere und Wärme nicht nur im ganzen Körper empfinden, sondern dass Sie diesen Zustand auch immer schneller erreichen. Stellt sich die so genannte generalisierte Gesamtentspannung schließlich innerhalb ganz kurzer Zeit ein – meist innerhalb von ein bis zwei Minuten oder sogar schlagartig –, haben Sie das erreicht, was J. H. Schultz die organismische Gesamtumschaltung nannte: Schwere- und Wärme-Erlebnis beschränken sich nun nicht mehr auf Arme und Beine, sondern werden im ganzen Körper wahrgenommen.

Zeichen völliger Entspannung

Ist die Gesamtumschaltung gelungen, stellen sich weitere Phänomene ein, die der geistigen und körperlichen Erholung förderlich sind.

Gesicht und Nacken lösen sich

Eine Folge der Umschaltung ist die Entspannung der gesamten Gesichtsmuskulatur. Weil die Kaumuskeln sich lösen,

TIPP

AUCH DAS HILFT

Wenn Sie sich nur schwer konzentrieren können oder die Formel nicht richtig zu wirken scheint:

- Denken Sie daran, sich die Formel optisch vorzustellen, sie innerlich zu hören oder sie im Geiste niederzuschreiben – je nachdem, ob Sie ein optischer, akustischer oder motorisch orientierter Typ sind (siehe auch Seite 34 f.).
- Bei Schwierigkeiten kann es auch hilfreich sein, die spezielle Atem-Übung von Seite 53 vor der Wärme-Übung zu machen.

weichen die Zähne auch bei geschlossenem Mund etwas auseinander. Bei Übungen im Liegen geht der Unterkiefer zurück. Ihr Gesicht wirkt dadurch, als würden Sie schlafen. Beim Sitzen entsteht durch die Lockerung mitunter das Gefühl, als würde sich der Hals verlängern. Dieses Empfinden ist auf die Entspannung der Schulter- und Nackenmuskulatur zurückzuführen.

Sie erleben Ihren Körper anders

In einigen Fällen kommt es durch die Umschaltung zu Phänomenen, die als Veränderung des Körperschemas (Körpererlebnisses) bezeichnet werden: Sie scheinen zu schweben oder zentnerschwer auf der Unterlage zu liegen. Bei einigen Menschen entsteht auch der Eindruck, als seien einzelne Körperteile, beispielsweise der rechte Arm, nicht mehr vorhanden. Normalerweise wissen wir, in welcher Lage sich ein Körperteil gerade befindet. Dabei handelt es sich zwar nicht um ein bewusstes Wissen, trotzdem erleben wir etwa unsere Arme in der Haltung, in der sie sich gerade befinden. Dieses Körperschema kommt dadurch zustande, dass jedes einzelne Teil unseres Körpers ständig einen nervalen Impulsstrom sendet, der dem Gehirn seine jeweilige Lage signalisiert. Diese nervösen Reaktionen werden zentripetale Weckreaktionen genannt, da der allgemeine Wachheitsgrad sinkt.
Auch bei der Generalisation des Schwere-Erlebnisses, das ja darin besteht, die Muskeln weitgehend zu entspannen, ändern sich die zentripetalen Weckreaktionen. Die dem Gehirn erteilte Meldung über die jeweilige Lage eines Körperteils funktioniert dann nicht mehr absolut präzise. Das psychische Erlebnis des Körperschemas verändert sich, so dass die Lage von Körperteilen falsch oder nicht mehr wahrgenommen werden kann. Aus diesem Grund kann sich beim Üben das Gefühl einstellen, ein Arm sei nicht mehr vorhanden oder weitaus voluminöser als normalerweise.
Die Gefühle des Schwebens oder des Lastens deuten auf eine besonders gute Realisation der Übungen hin und sind somit positiv zu bewerten. Nichtsdestotrotz ist es auch hier unabdingbar, die Rücknahme konsequent durchzuführen, um das Übungsende zu betonen (sofern nicht gerade abends vor dem Schlafengehen geübt wird).

Sie fühlen sich angenehm dösig

Auch in psychischer Hinsicht kommt es bei den bisher gelernten Übungen zu Veränderungen, die im Wesentlichen in einem Herabsetzen des Wachheitsgrades (Vigilanz) liegen. In der Regel werden Sie sich wohlig entspannt und dösig fühlen, während Ihr Bewusstsein gleichzeitig auf wenige Konzentrationen eingeengt ist. Diese positiven psychischen Veränderungen lassen sich durch die Hinzunahme der nächsten Übung vertiefen.

Die Atem-Übung

Die Atem-Übung unterscheidet sich wesentlich von den vorangegangenen Übungen. Bei der Ruhe-, Schwere- und Wärme-Übung haben Sie gelernt, durch gedankliche Konzentration unmittelbar körperliche Reaktionen wie Muskelentspannung und Gefäßweitstellung auszulösen. Bei der Atem-Übung dagegen soll sich die Konzentration auf einen bereits ablaufenden körperlichen Vorgang richten. Sie beobachten dabei quasi wie ein Außenstehender den Wechsel von Ein- und Ausatmung.

Über Einatmung und Ausatmung

Der stetige Wechsel von Einatmung und Ausatmung, von Aktivität und Passivität, das Nebeneinander von (willkürlicher) Steuerbarkeit und (unwillkürlich) reflektorisch ablaufenden Vorgängen kennzeichnen den Atemvorgang, der die Grundvoraussetzung des Lebens schafft. Dabei lassen sich Parallelen zur Polarität vieler Lebensgesetzlichkeiten ziehen: Anspannung – Entspannung, Leistungsbereitschaft – Erholung.

- Bei der Einatmung hebt sich der Brustkorb durch die Anspannung von Halsmuskeln, verschiedenen Muskeln des Schultergürtels sowie der Zwischenrippenmuskulatur (Brustatmung). Durch Zusammenziehen des Zwerchfells werden die Baucheingeweide nach unten gedrückt (so genannte Bauchatmung). Es entsteht zusätzlicher Raum, und frische Atemluft strömt in die Lunge hinein.
- Nach einer kurzen Pause erfolgt die Ausatmung – alle zuvor aktiv angespannten Muskeln einschließlich des Zwerchfells entspannen sich. Dadurch verringert sich zum einen das Volumen des Brustkorbs. Zum anderen ziehen sich zugleich elastische Fasern im Lungengewebe zusammen – der Atem strömt wieder aus dem Körper heraus.

Richtig eingesetzt, kann der Strom der Luft ungeahnte Kräfte freisetzen.

Atmung in Aktion

Bei großer körperlicher Aktivität ist auch der Sauerstoffbedarf im Körper erhöht. Deshalb muss die Ein- und Ausatmung schnell wechselnd erfolgen, wodurch beide Atemphasen aktiv werden.

Der Atem in der Entspannung

Bei körperlicher Ruhe dagegen wird die Atmung im Ganzen langsamer. Die Einatmung behält zwar einen gewissen Grad von Aktivität, die Ausatmung dagegen erfolgt völlig passiv. Die Atmung eines passiven, gelösten, durch Autogenes Training versenkten Menschen schaltet auf einen eher unwillkürlichen (reflektorischen) Verlauf um.
Beim Ausatmen kommt es zu einer Entspannung aller während der Einatmung angespannten Muskeln. Hierdurch strömt die Luft ohne eigenes Dazutun nach außen – infolge der Schwere des Brustkorbs, der Entspannung des Zwerchfells sowie der Entspannung der elastischen Fasern in der Lunge und durch den entspannten Kehlkopf.

Die Atem-Einstellung

Ziel der Atem-Übung ist es, den Grad der passiv ausgelösten, reflektorisch ohne eigenes Zutun ablaufenden Atmung zu erreichen. Dies gelingt wie bei den vorherigen Übungen auch am besten mit Hilfe einer geeigneten Formel.

Vorbereitung

- Nehmen Sie sich jetzt ein paar Minuten Zeit und machen Sie es sich wieder an Ihrem Ruheplatz bequem. Sind Sie bereit? Dann lesen Sie sich die Formel (noch einmal) durch.

Die Formel

- Ergänzen Sie die gewohnte Formel, mit der Sie ja bereits häufig geübt haben,
  »Ruhe – Schwere – Wärme«
  nun mit der Atem-Konzentration:
  »Es atmet mich«
  oder
  »Es atmet in mir«.

Die Rücknahme

- Sie nehmen auch diese Übung nach wenigen Minuten mit den gewohnten Selbstbefehlen zurück:
  »Arme fest!«
  »Tief ein- und ausatmen!«
  »Augen auf!«

Was Sie beim Üben erleben

Durch die Konzentration auf die Atem-Einstellung geben Sie sich im Versenkungszustand des generalisierten Ruhe-, Schwere- und Wärme-Erlebnisses ganz dem Atmungsvorgang hin. Dabei erleben Sie ein wiegendes, harmonisches und gleichmäßig wiederkehrendes Auf und Ab, das dem Heben und Senken des Brustkorbs entspricht.

Die Versenkungsatmung

Bei der Atem-Übung – und das unterscheidet sie von den bisherigen Übungen – ist keine unmittelbare Veränderung der Atmung beabsichtigt. Vielmehr kommt es ganz allmählich, fast unmerklich und meist erst nach wochenlangem Üben zu einer immer autonomeren, harmonischeren Atmung.

Diese Versenkungsatmung kann individuell sehr verschieden sein. Meist wird die Atemfrequenz (also die Anzahl der Atemzüge pro Minute) niedriger und der Atemvorgang flacher. Aber auch vertiefte Atemzüge sind nicht selten, denn jeder Übende findet durch das Üben zu seiner individuellen Kombination von Brust- und Bauchatmung.

Die Ausatmungsverstärkung

In diesem Zusammenhang soll noch einmal an die Ausführungen zur Ausatmungsverstärkung erinnert werden: Aus dem passiv gelösten, entspannten Charakter des Ausatmens erklärt es sich, dass die Formel, auf die Sie sich konzentrieren, stärker wirken kann.

Hilfe bei möglichen Schwierigkeiten

Meist braucht der Lernende für die Atem-Übung – im Vergleich zu den vorangegangenen Übungen – sehr viel mehr Zeit, um die neue Atem-Einstellung zu entdecken und zu erleben. Haben Sie also Geduld und üben Sie regelmäßig! Dafür sind Missempfindungen oder Schwierigkeiten außerordentlich selten. In der Regel treten sie nur bei Menschen auf, die an nervösen Atembeschwerden, an Asthma oder ähnlichen Krankheiten leiden. Ihnen kann ein Arzt weiterhelfen. Sind Sie selbst davon betroffen, können Sie die Atem-Übung auch einfach weglassen.

Der Gesunde hingegen wird durch die Erarbeitung der Atem-Einstellung in der geschilderten Weise eine ganz wesentliche Vertiefung des Gesamterlebnisses beim Autogenen Training erfahren. Und darauf sollten Sie auf keinen Fall verzichten. Probieren Sie es selbst aus!

TIPP

DIE KURZFORMEL FÜR ALLE ÜBUNGEN

Die vollständige Formel, einschließlich der Atem-Einstellung, lautet

- »Ruhe – Schwere – Wärme – es atmet mich«
  oder
  »Ruhe – Schwere – Wärme – es atmet in mir«.

Danach erfolgen die Befehle zur Rücknahme:

- »Arme fest!«
- »Tief ein- und ausatmen!«
- »Augen auf!«

Der Vier-Wochen-Plan

Jeder Mensch lernt das Autogene Training auf seine ganz individuelle Weise. In diesem Punkt unterscheidet sich die Methode nicht von anderen. Manche tun sich besonders leicht mit der Ruhe- und Schwere-Übung, andere mit der Wärme- oder der Atem-Übung. Wieder anderen gelingt die Generalisierung der Konzentration von einem Körperteil zum gesamten Körper recht gut – zum Beispiel von »Der rechte Arm ist schwer« hin zu allgemeinen Schwere, die im gesamten Körper gefühlt wird.

Ebenso ist auch das Tempo, in dem Sie das Autogene Training erlernen, individuell sehr unterschiedlich. Und dies hängt nicht nur davon ab, ob Sie sehr oft, häufig oder eher selten üben. Vielmehr lässt sich auch bei regelmäßig Übenden beobachten, dass sie nur mit unterschiedlichem Tempo vorankommen – und das ist in der Tat völlig normal. Aus genau diesem Grund wurde in diesem Buch bisher auf die Angaben von »Erfolgszeiten« in Bezug auf das Erlernen des Autogenen Trainings wohlweislich verzichtet.

Der Weg zum Erfolg

Wenn an dieser Stelle dennoch ein zeitlich gegliederter Vier-Wochen-Plan zusammengestellt wird, so sollten Sie dies lediglich als ein ganz spezielles Serviceangebot der Autoren verstehen. Denn für viele Menschen ist es trotz allem hilfreich, einen ungefähren Zeitplan zu kennen, der es ihnen ermöglicht, ihre eigenen Lernfortschritte zu überprüfen.
Wenn Sie sehr schnell lernen und gut vorankommen, kann solch ein Plan zu einer willkommenen, subjektiven Bestätigung des Lernerfolges führen. Und dies wiederum wirkt sich äußerst förderlich auf die Motivation aus.
Es gibt aber auch jene, die eher langsam Fortschritte machen und dazu tendieren, sich lieber etwas mehr Zeit zu nehmen, als vielleicht unbedingt nötig wäre. Diese Menschen sollen durch den folgenden Plan dazu ermuntert werden, etwas häufiger, regelmäßiger und zuverlässiger zu üben. Auch hierdurch kann der Lernerfolg insgesamt gefördert werden, und Sie kommen schneller ans Ziel.

Haben Sie Geduld

Allerdings darf trotz der Vorteile, die ein Vier-Wochen-Programm mit sich bringt, nicht vergessen werden, dass die einzelnen Übungen auf keinen Fall länger dauern sollen, als in den entsprechenden Kapiteln beschrieben. Es wäre absolut falsch, verbissen und voller falschem Ehrgeiz so lange üben zu wollen, bis sich der erwartete Effekt endlich einstellt. Denn genauso wie wir als Kinder unterschiedlich rasch das Laufen, Schwimmen oder Radfahren gelernt haben, so ist es auch beim Erlernen des Autogenen Trainings im Erwachsenenalter ganz normal, dass wir unterschiedlich schnell Fortschritte machen.
Aus diesem Grund sind die Zeitspannen, die auf den folgenden Seiten angegeben werden, um bestimmte Stufen im Autogenen Training zu erlernen, lediglich als ungefähre Mittelwerte zu verstehen. Sie können zur Bestätigung der bisherigen Lernerfolge genutzt werden, aber auch dazu dienen, bestimmte Änderungen vorzunehmen oder kleine Fehler, die sich möglicherweise zu Beginn des Übens eingeschlichen haben, zu korrigieren.

INNERE BILDER

TIPP

Ein inneres Bild kann den Erfolg noch unterstützen: Malen Sie sich aus, wie Sie sich fühlen, wenn Sie die Übung perfekt beherrschen. Das motiviert! Und dank dieser Motivation werden innere Blockaden und Widerstände durchbrochen.

Die erste Woche

In der ersten Übungswoche geht es darum, die Grundtechniken kennen zu lernen und sie sich so gut es geht anzueignen.

Die beiden ersten Tage

Der erste Trainingstag dient allein dazu, die verschiedenen Sitzhaltungen sowie die Liegeposition zu studieren. Nehmen Sie zunächst mehrmals die Droschkenkutscher-Haltung ein. Wechseln Sie anschließend in die Flegel-Haltung auf einem bequemen Sessel und in das aufrechte Sitzen. Üben Sie schließlich die Liegeposition auf dem Rücken, wobei Sie die Arme seitlich parallel auf den Boden legen und die Fußspitzen leicht nach außen kippen lassen. Sobald Sie die jeweilige Haltung eingenommen haben, verharren Sie ein bis zwei Minuten in völliger Ruhe darin.
Dasselbe Übungsprogramm gilt für den zweiten Tag. Sie werden sehen: Schon nach ein paar Durchgängen merken Sie, wie sich ganz allmählich Ihre Lieblingsposition im Sitzen herausbildet. In der Regel wird diese Position auch später, wenn Sie die gesamte Übung beherrschen, Ihre bevorzugte Haltung bleiben. In ihr können Sie dann am schnellsten und erfolgreichsten die Selbstentspannung des Autogenen Trainings ausüben. Dennoch sollten Sie während des gesamten Erlernens des Autogenen Trainings immer wieder auch die anderen Haltungen mitüben. Denn eine Besonderheit der Methode liegt ja gerade darin, dass Sie sie in praktisch jeder Umgebung mit jedem beliebigen Stuhl oder Sessel, jeder Bank oder sogar auf einem Balken ausüben können.

Der dritte bis siebte Tag

In den verbleibenden Tagen der ersten Übungswoche sollten Sie bereits in die Routine der täglichen drei Übungen einschwenken. Machen Sie also eine Übung morgens unmittelbar nach dem Wachwerden beziehungsweise nach dem Aufstehen. Die zweite Übung erfolgt nach dem Mittagessen, und die dritte beschließt abends den Tag – Sie üben dazu unmittelbar vor dem Einschlafen in der Liegeposition im Bett. Nicht vergessen: In diesem Fall verzichten Sie auf die Rücknahme und gleiten von der Entspannungsübung direkt in den Schlaf.
Ab dem dritten oder vierten Tag kann zudem auch mit der Übung der inhaltlichen Formeln der Ruhe- und Schwere-Übung begonnen werden:
»Ich bin ganz ruhig.«
»Mein rechter/linker Arm ist schwer.«
Zur Erinnerung: Rechtshänder üben »Der recht Arm ist schwer«, Linkshänder »Der linke Arm ist schwer«. Formulieren Sie unbedingt aktiv (»Der Arm ist schwer«, nicht »Der Arm wird schwer«), um die darauf folgende Entspannung sofort genießen zu können.

Das dritte große Ziel der ersten sieben Tage ist ansonsten das Erlernen der konsequenten Rücknahme. Wie auf Seite 35 ausgeführt, bleibt diese dabei immer gleich – ganz egal wie gut Sie das Autogene Training letztendlich beherrschen und wie tief die Selbstentspannung auch sein mag. Man kann daher die Formel zur Rücknahme nicht oft genug wiederholen. Sie lautet:
»Arme fest!«
»Tief ein- und ausatmen!«
»Augen auf!«
Sie müssen nun lernen, den Vorgang der Rücknahme vollkommen zu automatisieren. Insbesondere die starke Anspannung der Armmuskeln bei gleichzeitigem Anziehen und Wiederausstrecken der Arme sowie einem deutlichen und tiefen Ein- und Ausatmen sind dabei wichtig.
In den ersten ein bis zwei Wochen mag dies ungewöhnlich, vielleicht sogar überflüssig erscheinen. Doch die Erfahrung zeigt, dass eine konsequente Rücknahme unverzichtbar ist. Schließlich wollen Sie nach der vertieften und erholsamen Entspannung wieder mit klarem Kopf Ihren Tagesgeschäften nachgehen.

Die zweite Woche

Nach einer Woche konsequenten Übens werden Sie die Sitz- beziehungsweise Liegehaltung schon als ganz natürlich empfinden, und auch die Rücknahme funktioniert bereits problemlos. Zusätzlich fühlen Sie wahrscheinlich schon ein leichtes Kribbeln, Ziehen oder leichtes Schwere-Gefühl im rechten beziehungsweise linken Arm. Sobald sich diese Empfindungen eingestellt haben, sind Sie bereit, die nächsten Schritte zu machen: Zielen Sie von der Konzentration auf ein einziges Körperteil (rechter oder linker Arm) auf eine Generalisierung und beziehen Sie andere Körperteile mit ein. Die Formel dafür lautet:
»Ich bin ganz ruhig, beide Arme sind schwer.«
Denken Sie diese Formel genau wie in den ersten Tagen mehrfach monoton und mit einem gewissen sich allmählich einstellenden Rhythmus. Und denken Sie daran, die Übung nicht über zwei, maximal drei Minuten auszudehnen.
Sobald Sie auch im anderen Arm eine gewisse Veränderung spüren – und sei es lediglich ein sehr leichter Unterschied gegenüber dem Zustand vor der Übung –, sind Sie bereit für den nächsten Schritt. Erneut dem Gedanken der Generalisierung folgend, üben Sie jetzt:
»Ich bin ganz ruhig, Arme und Beine schwer.«
Vorausgesetzt, Sie üben regelmäßig, werden Sie diesen Status gegen Ende der zweiten Woche erreicht haben. Nun sind Sie in der Lage, die Formeln zu vereinfachen, und üben fortan:
»Ruhe – Schwere.«

Die dritte Woche

Nachdem sich innerhalb der ersten 14 Tage ein mehr oder weniger stark ausgeprägtes Gefühl der Schwere eingestellt hat, können Sie in der dritten Woche zur Wärme-Übung übergehen. Sie üben jetzt:
»Ruhe – Schwere – mein rechter/linker Arm ist warm.«
Im weiteren Verlauf dieser Trainingswoche werden Sie tatsächlich ein angenehmes Wärme-Gefühl im angesprochenen Arm empfinden und sind dann bereit, die andere Körperseite mit einzubeziehen. Die Formel dafür lautet:
»Ruhe – Schwere – beide Arme warm.«
Gegen Ende der dritten Woche erfolgt der Abschluss der Wärme-Übung zunächst mit der Formel:
»Ruhe – Schwere – Arme und Beine sind warm.«
Und schließlich klappt es sogar mit der verkürzten Formel:
»Ruhe – Schwere – Wärme.«

> Nehmen Sie sich jeden Tag bewusst Zeit nur für sich, um konzentriert zu üben.

Die vierte Woche

Die letzte Woche dient dem Erlernen des richtigen Atmens. Wie bereits im Vorfeld auf Seite 67 ff. ausführlich beschrieben wurde, erreichen Sie durch die Atem-Übung eine weitere Vertiefung des schon erzielten Entspannungszustandes. Sie ist jedoch keineswegs zwingend. Es gibt sogar viele Menschen, die das Autogene Training sehr erfolgreich und regelmäßig lediglich mit der Ruhe-, Schwere- und Wärme-Konzentration üben. Doch um zu entscheiden, welche Übungen Ihnen am besten helfen, zwischendurch bewusst abzuschalten, ist es wichtig, alle zu erlernen oder wenigstens zu testen. Dies gilt natürlich auch für die Atem-Übung.
Die Formeln für diese folgen denselben Grundsätzen, die Sie bereits in den ersten drei Wochen kennen gelernt haben. Die Formel würde zunächst lauten:

»Ruhe – Schwere – Wärme – es atmet mich«
oder
»Ruhe – Schwere – Wärme – es atmet in mir«.
Auch eine alternative Formel kann sinnvoll sein:
»Ruhe – Schwere – Wärme – Atmung ruhig und regelmäßig.«
Während Sie die Atem-Übung in Ihre Gesamtformeln des Autogenen Trainings einbauen, werden Sie eine zunehmende Rhythmisierung der Formeln feststellen. Für die weit überwiegende Mehrheit der Übenden gilt dabei, dass die Formeln besonders wirksam sind, wenn sie in der Ausatmungsphase – also in der Phase der Entspannnung – gesprochen werden. Dies kann gerade bei der Atem-Übung besonders deutlich werden. In der Praxis bedeutet dies: Sie atmen ohne eine Konzentrationsformel ein und imaginieren im ersten Ausatmungsvorgang »Ruhe«. Wenn Sie das zweite oder dritte Mal ausatmen, konzentrieren Sie sich analog dazu erst auf »Schwere«, dann auf »Wärme«. Bei den etwas längeren Teilformeln, wie »Es atmet mich« oder »Atmung ruhig und regelmäßig«, denken Sie beim Einatmen »Es atmet ...« und erst beim Ausatmen »... mich«. Analog dazu stellen Sie sich während des Einatmens »Atmung ruhig ...« vor und wiederum erst beim daran anschließenden Ausatmen »... und regelmäßig«.

Sie geben das Tempo vor

Um die vier Übungswochen wirklich effektiv zu nutzen, empfiehlt es sich, für jede Übungseinheit die ausführlicheren Seiten im Haupttext noch einmal »gegenzulesen«. Doch auch wenn Sie die einzelnen Schritte des Vier-Wochen-Plans gewissenhaft ausführen: Vergessen Sie nicht, dass jeder in seinem ganz eigenen Tempo lernt. Wenn Sie sich die Methode des Autogenen Trainings bereits in zwei oder drei Wochen aneignen und es anschließend regelmäßig ausüben, kann man Ihnen hierzu nur gratulieren. Aber auch wenn Sie sechs bis acht Wochen zum Erlernen benötigen – obwohl Sie täglich Ihre zwei bis drei Übungen machen –, ist dies ein Erfolg, der nicht geringer einzuschätzen ist. Denn das Entscheidende ist nicht, wie lange Sie brauchen, um die einzelnen Übungen zu beherrschen. Vielmehr kommt es in erster Linie darauf an, dass Sie das Autogene Training auch weiterhin regelmäßig üben und nicht damit aufhören, wenn Sie das Gefühl haben, alles richtig zu machen. Nur wenn Ihnen dies gelingt, sind die Ziele, Erleichterungen und Vorteile, die von dieser Entspannungstechnik erwartet werden dürfen, auch realisierbar. Schließlich ist das Autogene Training keine Zauberformel, die nur im Notfall ausgesprochen werden muss, um ihre Wirkung zu entfalten, sondern eher eine »Langzeittherapie«.

Die individuellen Formeln

Mit Autogenem Training können Sie nicht nur entspannen und neue Kraft für den oft anstrengenden Alltag schöpfen. Es soll Ihnen auch helfen, mit Ihren persönlichen Problemen besser fertig zu werden. Dazu gibt es individuelle Formeln (so genannte wandspruchartige Leitsätze), mit denen Sie störende Reize ausschalten, sich bestimmte Ziele setzen und allmählich eine positivere Einstellung zu sich selbst finden können.
Eines jedoch ist dabei ganz wichtig: Sie sollten mit den individuellen Formeln erst dann arbeiten, wenn Sie die Grundübungen des Autogenen Trainings sicher beherrschen, wenn sich also die organismische Gesamtumschaltung zuverlässig einstellt. Denn die Grundübungen schaffen die Voraussetzung für die individuellen Formeln. Nur so können diese bei der Bewältigung von Alltagsproblemen helfen. Sie werden nämlich erst dann voll wirksam, wenn die Entspannung von Muskeln, Gefäßen und Psyche durch die Ruhe-, Schwere-, Wärme- und Atem-Übungen eingetreten ist.

Wobei können Leitsätze helfen?

Kein Mensch ist vollkommen. Jeder von uns hat ein paar größere oder kleinere Probleme, die er gerne lösen möchte. Dabei spielt es gar keine Rolle, ob diese widrigen Umstände auch Außenstehenden als solche erscheinen oder nur Sie selbst darunter leiden. Es handelt sich einfach um Dinge oder Angewohnheiten, die Sie selber stören, und Sie wollen lernen, besser mit ihnen umzugehen oder sie sogar ganz loszuwerden – sei es, weil sie Ihren persönlichen Lebensplan stören, Ihren Alltag erschweren oder nicht in das Bild passen, das Sie von sich selbst haben.

Störendes Verhalten ändern

Zu den oben genannten Problemen können Einschlafstörungen ebenso gehören wie Konzentrationsstörungen oder Schmerzen. Aber auch schlechte Angewohnheiten wie Rauchen oder regelmäßiger Alkoholkonsum sind »Laster«, von denen so mancher loskommen will. Ebenso zählen Schwierigkeiten im Umgang mit anderen Menschen oder immer wiederkehrende Antriebsschwäche, Sprachfehler oder Ängste – zum Beispiel beim Fliegen, Schwimmen oder Betreten eines Restaurants – zu dieser Kategorie.
Wahrscheinlich überrascht es Sie, dass Sie mit Hilfe des Autogenen Trainings lernen können, mit all diesen Problemen besser fertig zu werden. Und tatsächlich muss seine Wirkung an dieser Stelle gleich eingeschränkt werden – denn Wunder kann leider auch das Autogene Training nicht bewirken.

Wandlung im Denken

Sicher: Das Autogene Training ersetzt Ihnen nicht den Partner, um den Sie trauern, und es macht aus einem stillen Menschen auch keinen Temperamentsbolzen. Aber es kann helfen, nach und nach die Trauer so erträglich zu machen, dass Sie Ihren Lebensalltag nicht mehr ständig überschattet und belastet. Ebenso kann es helfen, dass der Schüchterne sich so akzeptiert, wie er ist, und sich einfach ein bisschen mehr zutraut als bisher.
Autogenes Training kann auch keine Sucht heilen. Aber es kann schlechte Angewohnheiten so abbremsen, dass sie gar nicht erst zu Süchten werden. Analog dazu lassen sich Ängste nicht einfach in Luft auflösen. Es kann sie aber – wie etwa die Flugangst – so mildern, dass der berufliche und private Alltag nicht mehr beeinträchtigt wird.
Wie das funktioniert? Während das Autogene Training störende Reize ausschaltet, fördert es gleichzeitig eine positive Einstellung. Und das wiederum hat einen entscheidenden Einfluss auf Ihre individuelle Lebensführung.

Gute Vorsätze verwirklichen

Vermutlich haben auch Sie sich schon oft fest vorgenommen, die eine oder andere schlechte Angewohnheit abzulegen. Doch trotz einer Menge guter Vorsätze ist es Ihnen wahrscheinlich nicht viel anders ergangen als den meisten Menschen: Sie haben vielleicht eine Weile durchgehalten, sind dann aber in alte (Verhaltens-)Muster zurückgefallen. Eine mögliche Ursache dafür könnte sein, dass die Vorsätze nicht genügend tief in Ihrem Bewusstsein verankert waren. Eine solche Verankerung können Sie im Zustand der tiefen Entspannung erreichen, wie ihn beispielsweise das Autogene Training schafft. Mit dieser Methode überwinden Sie daher die Hemmschwelle, die zwischen dem Wollen und dem Können liegt.

Der erste Teil der individuellen Formel

Jede individuelle Formel besteht aus drei Teilen, die einander ergänzen.

- Die Aufgabe des ersten Teils soll es sein, eine gewisse Gleichgültigkeit gegen die individuellen Störungen oder Probleme aufzubauen. Denn wenn ein Störreiz weniger beachtet wird, verliert er sofort an Einfluss.
- Der zweite Teil setzt dagegen, was eigentlich wichtig ist. In dieser Phase wird also die Aufmerksamkeit weiter von dem bestehenden Problem weg- und auf ein wünschenswertes Ziel hingelenkt.
- Der dritte Teil benennt die positiven Eigenschaften, die die Veränderung unterstützen.

Was ist Ihr Problem?

Um den ersten Teil Ihrer persönlichen Formel zu finden, müssen Sie zunächst Ihr persönliches Problem auf den Punkt bringen. Fragen Sie sich dazu, was genau Ihr Problem auslöst, was Sie lassen wollen und was Ihr Verhalten nicht mehr bestimmen soll. Finden Sie einen Begriff, den Sie in die folgende Formulierung einbauen können:
»... in jeder Situation gleichgültig.«
Wenn Sie bei der Begriffsfindung Schwierigkeiten haben, können Ihnen sicher die Beispiele helfen, die auf den folgenden Seiten angeführt werden. Schreiben Sie dann Ihre persönliche Formel nieder:

....

....

....

Wenn Sie mehrere Probleme haben, sortieren Sie sie nach Schweregrad. Machen Sie sich als Erstes an das Thema, das sich vermutlich am leichtesten lösen lässt. Das steigert die Motivation.

Im Folgenden sehen Sie anhand einiger Beispiele, wie sich bestimmte Probleme mit individuellen Formeln in Verbindung mit den Übungen des Autogenen Trainings angehen lassen. Beginnen Sie dabei stets mit dem ersten Teil des Leitsatzes, also mit Anwendung und Auswirkung der Formel, die dem Problem seine beherrschende Kraft nimmt.

Hilfe bei Sprachstörungen

Wer unter einer Sprachstörung – zum Beispiel Stottern – leidet, versucht meist damit fertig zu werden, indem er sich verstärkt auf den Vorgang des Sprechens konzentriert. Der Betroffene denkt also mehr an das Sprechen selbst als an das, was er eigentlich sagen will. Weil aber der Sprechvorgang auf einem komplizierten Zusammenspiel verschiedener Muskelgruppen und einer ruhigen Atmung basiert, wird er immer störbarer, je mehr er beobachtet wird. Sprachschulen und manche Sprachtherapien verstärken diese Selbstbeobachtung noch. Sie haben deshalb oft keinen Erfolg, weil der Stotterer »dank« dieser Methode noch mehr auf seine Sprachstörung achtet und unter dieser Spannung erst recht stottert.
Das Autogene Training dagegen kann auf ganz andere Art helfen. Denn es führt eine Entspannung herbei, in welcher der Sprachgestörte sein Problem kaum noch wahrnimmt.

Flüssig sprechen

- Wer die vier Grundübungen gut gelernt hat, nimmt sich nun vor, die Störung einfach nicht mehr zu beachten. Der erste Teil der individuellen Formel lautet: »Sprechen in jeder Situation gleichgültig.«
- Diese Formel wird dann in die vollständige Tiefenentspannung hineingenommen. (Der zweite und dritte Teil sind an dieser Stelle noch nicht wichtig.)

Mit sich selbst versöhnt

Viele Stotterer bestätigen, dass ihnen die Übung hilft. Häufig ist zu hören: »Wir stottern zwar noch, aber es stört uns nicht mehr.« Das mag paradox klingen, ist aber einfach zu erklären: Durch das Sich-nicht-mehr-gestört-Fühlen kann eine gestörte Funktion bereits verbessert werden – ein Ergebnis, das bei vielen Betroffenen zu beobachten ist.

INFO

STÄRKERER EFFEKT

Die Formulierung »in jeder Situation« unterstützt die Wirkung sehr, die gewünschte Einstellung wird jederzeit und überall wirksam. Ist die Formel erst einmal in Fleisch und Blut übergegangen, können Sie diesen Teil auch weglassen.

Noch wichtiger aber ist es, dass Sie – sofern Sie an einem Symptom leiden – sich selbst so helfen können, dass Sie nicht mehr an der Störung leiden.
Kaum jemand bleibt übrigens dem Autogenen Training so treu wie der Stotterer – der funktionell Sprachgestörte, wie er im Fachjargon genannt wird. Das mag daran liegen, dass diese Menschen häufig eine übergewissenhafte Persönlichkeitsstruktur haben, durch die sie ständig bestrebt sind, einen an sich weitgehend unbemerkt ablaufenden Vorgang zu kontrollieren.

Hilfe bei der Alkohol- und Nikotinentwöhnung

Eins vorweg: Suchtraucher und Alkoholiker brauchen, um sich erfolgreich zu entwöhnen, unbedingt therapeutische Hilfe – in den meisten Fällen wohl sogar die Betreuung und Geborgenheit eines Entzugs in einer Spezialklinik.
Aber auch wenn Sie »nur« Gewohnheitsraucher sind oder gelegentlich trinken, ist es nicht immer einfach, von seinem »Laster« zu lassen. Hier kann Autogenes Training eine Hilfe sein, die bei konsequenter Durchführung gute Erfolge zeigt. Dazu muss jedoch deutlich zwischen zwei Typen unterschieden werden:

- Einerseits gibt es den Genuss- oder Gewohnheitsraucher sowie den Gelegenheitstrinker, der aus dieser Abhängigkeit heraus kommen will, es aber aus eigener Kraft bisher noch nicht geschafft hat, den Absprung tatsächlich zu meistern.
- Demgegenüber steht der Suchtraucher oder süchtige Trinker, der bereits körperlich von der Zufuhr von Nikotin oder Alkohol abhängig ist.

Nur bei den leichten Formen des Nikotin- und Alkoholkonsums wird das Autogene Training eine gute Chance zum Erfolg bieten.

Die Entwöhnungsformel

- Sind Sie es gewohnt, täglich Alkohol zu trinken, ohne deswegen schon Trinker zu sein, lernen Sie die Grundübungen des Autogenen Trainings vermutlich relativ schnell. Sie sind die Voraussetzungen für das Abgewöhnen.
- Erst wenn Sie diese Übungen sicher beherrschen, kann der erste Teil des Leitsatzes eingesetzt werden: die Konzentration darauf, dass Alkohol gleichgültig ist. Die vollständige Formel lautet dann:
  »Ruhe – Schwere – Wärme – Alkohol (Alkoholtrinken) in jeder Situation gleichgültig.«
- Abgewandelt auf den Gewohnheitsraucher, der sein tägliches Zigarettenquantum reduzieren oder ganz vom Rauchen loskommen möchte, lautet der erste Teil des Leitsatzes:
  »Zigaretten (Zigarettenrauchen) in jeder Situation gleichgültig.«

Vom inneren Kampf zur Gleichgültigkeit

Mit Hilfe der passenden Formel wird nicht die Ablehnung von Alkohol oder Zigaretten suggeriert, wie es bei einigen anderen Entwöhnungsmethoden der Fall ist. Vielmehr hilft der Leitspruch, aus der inneren Spannung herauszufinden, die durch das ewige »Soll ich oder soll ich nicht?« in uns aufgebaut wird. Dies geschieht durch eine gleichgültige Haltung gegenüber dem Genussmittel, die nach einiger Zeit zur völligen Alkohol- oder Zigarettenabstinenz führen kann. Viele Ex-Raucher und -Trinker, die in der hier geschilderten Weise vorgegangen sind, berichten, dass ihnen nach einiger Zeit nicht nur die allgegenwärtige Alkohol- oder Zigarettenreklame gleichgültig geworden ist, sondern dass sie diese gar nicht mehr in vorherigem Maße wahrgenommen haben. Zur Verbildlichung: Gerade in der warmen Jahreszeit werben häufig große Plakate fürs Biertrinken. Unter einem einladenden Bild steht dort beispielsweise in dicken Lettern: »Durst wird durch Bier erst schön.« Wem nun mit Hilfe des Autogenen Trainings Bier und Biertrinken gleichgültig geworden ist, wird vor diesem Plakat stehen und denken: »Ich weiß gar nicht, was das soll.« Und gerade darin liegt der Erfolg der Methode. Denn der Gedanke drückt sehr deutlich aus, dass die Werbung im Betrachter keine Gefühle mehr wecken kann – was ja die Aufgabe einer jeden Reklame sein soll –, sondern dass sie ihm gleichgültig geworden ist.

Wenn Sie sich also das Trinken oder das Rauchen endgültig abgewöhnen möchten, kann dies über die Übungen des Autogenen Trainings und unter Hinzunahme der Gleichgültigkeitsformel mit großer Wahrscheinlichkeit erreicht werden.

Denn durch die Entspannungsübungen bauen Sie die gefühlsmäßige Verbindung zwischen dem Reiz, der von Alkohol oder Nikotin ausgeht, und Ihrer Persönlichkeit ab. Sie haben keine Angriffsfläche mehr.

> Bereits die seelische Stabilisierung kann den Zigarettenkonsum einschränken.

Hilfe bei Schlafstörungen

Mangelnder Schlaf ist heute nicht mehr nur ein Problem überlasteter Manager oder Senioren. Neue Untersuchungen haben ergeben, dass schon Schulkinder und Jugendliche viel zu wenig schlafen. Dabei sind es gerade die Nachtstunden, in denen sich Körper und Psyche ausgiebig und in ihrer konzentriertesten Form erholen, um am nächsten Tag wieder voll leistungsfähig zu sein. Im Schlaf verarbeitet unser Gehirn die ständig auf es einströmenden Umweltreize. Gleichzeitig schaltet der Körper auf Sparflamme: Die Muskeln erschlaffen, die Nerven beruhigen sich. Unsere gesamten Körpersysteme wie Herzrhythmus, Blutdruck, Verdauung oder Atmung arbeiten ruhiger als am Tag und regenerieren.

INFO

GEDULD LOHNT SICH

Wenn Sie Autogenes Training zur Beseitigung einer Störung einsetzen wollen, dürfen Sie nie vergessen, dass erst nach längerem, regelmäßigem Üben eine Besserung zu erwarten ist. Und der Erfolg stellt sich auch nur dann ein, wenn Sie das ganze Programm der Grundübungen einwandfrei beherrschen. Wer sich ungeduldig von Anfang an auf eine Veränderung fixiert, wird dagegen mit großer Wahrscheinlichkeit scheitern.

Das stört den Schlaf

Was aber tun, wenn sich der erholsame Schlaf über längere Zeit einfach nicht einstellen will und Schlafstörungen zum dauerhaften Problem werden? Spätestens dann ist Ihr Handeln gefragt. Denn Einschlaf- oder Durchschlafstörungen wirken sich ebenso wie fehlende Tiefschlafphasen massiv auf die Gesundheit aus. Auch ein allgemeiner Schlafmangel – zum Beispiel weil Sie abends zu lange vor dem Fernseher oder PC sitzen und deshalb Nacht für Nacht zu wenig schlafen – schlägt sich auf die Leistungsfähigkeit von Geist und Körper nieder. Weitere Schlafhemmer sind beispielsweise:

- zu viel und zu reichhaltige Speisen drei Stunden oder kürzer vor dem Schlafengehen (auch Süßigkeiten als Betthupferl wirken sich ungünstig auf den gesunden Schlaf aus),
- mehr als ein Glas Wein oder Bier am Abend,
- rauchen,
- ein ausgiebiges Fitnessprogramm vor dem Zubettgehen,
- eine zu hohe Raumtemperatur im Schlafzimmer,
- (ungelöste) Probleme und Ängste, die unablässig in Ihrem Kopf herumkreisen, wenn Sie sich schlafen gelegt haben.

Ein gesundes Schlafmittel

Nicht wenige greifen bei Schlafstörungen noch immer einfach zu Tabletten und Co. Dabei können Medikamente, die den Schlaf fördern sollen, immer nur das Symptom beseitigen, nicht aber die Ursache des Schlafmangels. Dies gilt im Übrigen gleichermaßen für natürliche Hausmittel wie Hopfen, Melisse oder Lavendel, wenngleich diese – im Gegensatz zu den Schlaftabletten – keine gesundheitsschädlichen Nebenwirkungen haben. Wenn Sie jedoch dauerhaft gegen das Problem Schlaflosigkeit angehen wollen, stellt keines dieser Produkte das Mittel der Wahl dar.

Das Autogene Training dagegen kann eine wichtige Stütze sein, den eigenen Weg zum Schlaf zu finden, weshalb die funktionellen – also nicht körperlich bedingten – Schlafstörungen ein weiteres Anwendungsgebiet der Methode sind. Denn durch sie lernt der Schlafgestörte wieder zur Ruhe zu kommen.

Einschlafformel

- Diese Übung bewirkt, dass Sie sich weniger auf das Problem konzentrieren, nicht einschlafen zu können. Denn wenn Sie ängstlich darauf warten, einzuschlafen, sind Sie so angespannt, dass Sie den Schlaf geradezu verhindern. Hilfe bringt der Leitsatz:
  »Schlafen in jeder Situation gleichgültig.«
- Hat sich dieser Satz als feste Vorstellung eingeschliffen, kann er verkürzt werden:
  »Ruhe – Schwere – Wärme – Schlaf gleichgültig.«

Durch Ruhe zur Ruhe

Wem Schlafen gleichgültig ist, dem ist es auch nicht wichtig, ob er leicht oder schwer einschlafen kann. Er akzeptiert seine persönliche Veranlagung und hat keine negativen Gefühle mehr, wenn er ans Schlafen denkt. Damit ist der innere Kampf beendet, der Sie gegen Ihren Willen wach hält. Stattdessen haben Sie die notwendige empfangende Haltung erreicht, die ein Schweizer Nervenarzt Ende des 19. Jahrhunderts bildhaft so ausdrückte: »Der Schlaf ist wie eine Taube, man muss nur die Hand ausstrecken. Greift man aber nach ihr, fliegt sie davon.«

Mit der Einschlafformel finden Sie wieder zur Ruhe.

Der zweite Teil der individuellen Formel

Bisher war nur vom ersten Teil des Leitsatzes die Rede, dem Teil also, mit dem Sie gegenüber einem Reiz gleichgültig werden und ihn damit ausschalten. Im zweiten Teil wird nun die Aufmerksamkeit auf ein positives Ziel gelenkt.

Die Konzentration umlenken

Um beim Beispiel der Sprachstörung zu bleiben, würde dies bedeuten, dass Sie anfangs mit der Formel »Sprechen in jeder Situation gleichgültig« arbeiten. Denn zunächst geht es darum, sich nicht mehr so sehr auf das Sprechen an sich zu konzentrieren. Es sollte vielmehr gleichgültig werden. Wer dieses Ziel erreicht hat, muss sich nun darüber klar werden, was er stattdessen will. Sinnvoll ist es zum Beispiel, die Aufmerksamkeit mehr auf den Inhalt des Gesprochenen zu lenken, zum Beispiel mit der Formel:
»Sprechen gleichgültig – Inhalt wichtig.«
Spätestens jetzt kann der erste Teil der Formel in der Kurzform verwendet werden. Leiden Sie unter Schlafstörungen, müssen Sie sich sagen, dass Ihnen Schlafen gleichgültig ist und Sie stattdessen vor allem zur Ruhe kommen wollen – zu der Ruhe, die dem Schlaf vorausgeht. Ihre individuelle Formel könnte also heißen:
»Schlafen gleichgültig – Ruhe wichtig.«

Um Ihr Ziel nicht aus den Augen zu verlieren, hilft es, den zweiten Teil Ihrer persönlichen Formel niederzuschreiben:

....

....

....

Der dritte Teil der individuellen Formel

Jede individuelle Formel hat neben erstem und zweitem noch einen dritten Teil: die Aussage, wie Sie zu einem neuen Verhalten kommen wollen. Zu diesem Zweck müssen Sie sich zunächst darüber im Klaren werden, welche Eigenschaften Sie gerne besitzen würden. Am einfachsten gelingt dies, wenn Sie spontan die Begriffe aufschreiben, die Ihnen einfallen. Den meisten von uns fallen dazu Wörter wie Mut, Selbstvertrauen, Geborgenheit, Gelöstheit, Gleichmaß und Abstand ein. Welche Eigenschaften würden Sie gerne besitzen?

....

....

....

Anschließend können Sie die wichtigsten Eigenschaften auswählen. Formulieren Sie dabei alle Begriffe um, die mit Un-

oder Ent- anfangen, zum Beispiel Unbefangenheit oder Entspannung. Denn diese Wörter enthalten negative Vorsilben (Un-, Ent-), mit denen Sie kein positives Verhalten aufbauen können. Positiv dagegen würde beispielsweise die bildhafte Vorstellung von Gelöstheit wirken.
Auch Angst ist ein Begriff, der niemals in einem Leitsatz auftauchen sollte. Ist Ihnen bei der Suche also spontan eingefallen, dass Sie keine Angst mehr haben möchten, formulieren Sie diesen Wunsch in positive Begriffe wie Mut oder Selbstvertrauen um.

Einfache Worte, monotoner Rhythmus

In einem nächsten Schritt kommt es dann darauf an, die Worte zu vereinfachen und ihnen damit eine gewisse Monotonie (und zugleich Präzision) zu verleihen, wie man sie beispielsweise aus religiösen Gesängen kennt. Je einfacher nämlich die Aussage und je simpler die Melodie ist, desto besser dringen sie ins Unterbewusstsein ein. Dazu wählen Sie aus Ihrer Eigenschaftswunschliste die Begriffe, die Ihnen besonders wichtig sind:

....

....

....

Der vollständige Leitsatz

Wollen Sie beispielsweise eine Sprachstörung durch mehr Selbstsicherheit besiegen, könnte Ihre Formel lauten:
»Sprechen gleichgültig – Inhalt wichtig – durch Mut, Sicherheit, Selbstvertrauen.«
Soll durch mehr Gelassenheit der Weg zum Schlaf geebnet werden, denken Sie:
»Schlaf gleichgültig – Ruhe wichtig – durch Gelassenheit und Abstand.«
Notieren Sie Ihre persönliche Formel:

....

....

....

GUT FORMULIERT

INFO

Um Ihren persönlichen Leitsatz zu finden, gehen Sie so vor:

- Legen Sie fest, was Ihnen gleichgültig werden soll: »... in jeder Situation gleichgültig.«
- Benennen Sie anschließend, was wichtig werden soll: »... wichtig.«
- Formulieren Sie die Eigenschaften, die Sie sich wünschen, um Ihr Ziel zu erreichen, und das möglichst knapp, bildhaft und positiv: »durch ...«

Hilfe bei persönlichen Schwierigkeiten

Natürlich handelt es sich bei unseren alltäglichen Problemen nicht immer um direkte Störreize – wie beim Stottern, Einschlafen oder Rauchen. Vielmehr sind es gerade kleine Stolpersteine wie Nervosität, mangelnde Konzentrationsfähigkeit, Lernblockaden oder ungenügende Kreativität, die uns das Leben immer wieder unnötig erschweren. Doch auch diese Schwierigkeiten können Sie mit Hilfe des Autogenen Trainings und der Hinzunahme individueller Formeln überwinden und meistern. Viele Beispiele ließen sich noch anführen, letztlich kommt es aber auf die individuelle Erarbeitung und die persönliche Ausgestaltung des Leitsatzes an.

INFO

VIER GOLDENE REGELN

Denken Sie beim Formulieren Ihres Leitsatzes immer daran:

- Nur positive Begriffe verwenden.
- Je knapper und einfacher, desto besser.
- So monoton und rhythmisch wie möglich.
- Erst anwenden, wenn Sie die Selbstversenkung wirklich beherrschen.

Angst

Jeder von uns kennt Situationen, in denen er Angst hat. Doch wenn die Angstzustände so stark werden, dass sie das tägliche Leben beeinflussen, ist Hilfe nötig. In schweren Fällen kann nur eine psychologische Betreuung helfen. In leichteren oder als unterstützende Maßnahme kann auch das Autogene Training dazu beitragen, Ängste zu bewältigen.

Haben Sie Angst, läuft in Ihrem Körper ein automatisierter Prozess ab: Er spannt sich an, um im Notfall schnell reagieren zu können. Ist die Gefahr dann vorüber, schwindet die Angst, und der Körper »entlädt« sich wieder. Wer nun aber immerzu ängstlich ist, der kann die Spannung nicht mehr aufheben. Es kommt zu inneren Beschwerden wie Denkblockaden und zu äußeren wie Herzrasen, Übelkeit oder Atemnot. Die innere Anspannung kann sich sogar auf die Organe niederschlagen und sich beispielsweise in Form von Bluthochdruck oder Magengeschwüren äußern.

Woher kommen Ängste?

Viele unserer Ängste werden bereits in der Kindheit geprägt oder von den Eltern übernommen. Wenn diese beispielsweise überall Gefahren wittern, wird sich dies auch auf das Kind übertragen. Diese Ängste können bis ins Erwachsenenalter bestehen bleiben, wenn Kinder es nicht schaffen, die eng gesetzen Grenzen zu überwinden. In einigen Fällen kann sich dann das Angstgefühl auch auf völlig harmlose Situationen übertragen und so den Blick auf im Grunde einfache Lösungen blockieren.

Wege aus der Angst

Da Angst und Entspannung absolute Gegensätze sind, können Sie mit einer Entspannungsmethode wie dem Autogenen Training gut gegen die Furcht vorgehen. Sie werden dadurch ruhiger und gelassener, gewinnen Abstand zur Angst und können sie so besser bewältigen. Ein besonders wichtiges Ziel ist dabei auch, keine Angst mehr vor der Angst zu haben. Dazu eignet sich beispielsweise die folgende Formel:

»Ruhe und Geborgenheit durchströmen mich jederzeit.«

Vielen Betroffenen – vor allem dem visuellen Typ – hilft es auch, sich im Anschluss an die Grundübung ein Bild oder eine Situation vor Augen zu führen, das beziehungsweise die sie total entspannt. Führen Sie sich diesen positiven Moment immer wieder vor Augen, wenn Sie Angst verspüren.

Ein gutes Gedächtnis

Wie leistungsfähig ein Mensch ist, hängt auch mit seinem Gedächtnis zusammen. Denn nur wenn unser Gehirn auf Abruf die benötigte Information zur Verfügung stellt, finden wir schnelle Lösungen für Probleme. In unserer modernen Zeit sind wir jedoch häufig so abgelenkt, dass dies nicht immer klappt.

Ist kein körperliches Gebrechen die Ursache (zum Beispiel Arterienverkalkung oder Alzheimer), kann Autogenes Training hier gut helfen. Das Gute: Es senkt gleichzeitig die Nervosität und steigert die Konzentrationsfähigkeit.

Nehmen Sie als Beispiel eine Prüfung oder eine schwierige berufliche Situation: Das Ziel, den Test zu bestehen oder den Konflikt zu bewältigen, ist dabei klar definiert. Deshalb helfen Leitsätze wie:

»Ich schaffe es mit Mut, Abstand und Gelassenheit.«

Im Fall von Prüfungsschwierigkeiten oder von Problemen am Arbeitsplatz genügt oft sogar der Leitsatz:

»Konzentration durch Abstand.«

Konzentrationsmangel

Mangelt es Ihnen an Konzentration, fällt es schwer, die Aufmerksamkeit nur einer Sache zu widmen. Unter der Unaufmerksamkeit wiederum leidet dann das Ergebnis, und unter Umständen müssen Sie alles noch einmal machen. Dadurch geraten Sie in Zeitdruck. Stress entsteht, und der wiederum schädigt die Gesundheit. Sicher unterliegt das Konzentrationsvermögen natürlichen Schwankungen.

Müdigkeit, Reizüberflutung und automatisierte Handlungen (beispielsweise im Beruf) haben ebenso einen schwächenden Einfluss darauf wie hormonelle Schwankungen. Freude an der Arbeit dagegen kann die Konzentration steigern.

Das Lernen lernen

Im Gegensatz zu Tieren kann der Mensch lernen, sich zu konzentrieren. Autogenes Training hilft dabei, die Konzentration zu steigern und den Geist ganz auf eine Aufgabe zu fokussieren. Auf diese Weise können Sie Ihre volle Aufmerksamkeit auf ein Ziel lenken und so schneller erreichen, was Sie sich vorgenommen haben.
Wenn Ihnen eine Arbeit Spaß macht oder Sie einem geliebten Hobby nachgehen, werden Sie in der Regel mit all Ihren Sinnen ganz bei der Sache sein. Das Ziel des Autogenen Trainings ist es, diesen Effekt auch bei den Tätigkeiten zu erreichen, die Sie vielleicht nicht so gern machen. Wenn Sie die Methode beherrschen, meistern Sie selbst ermüdende Aufgaben ohne Fehler und in der gebührenden Zeit.
Dazu muss der Körper jedoch zunächst gelockert werden, um im Anschluss an diese Entspannung die volle konzentrative Kraft zu sammeln, zum Beispiel mit der Formel:
»Das Lernen geht leicht, meine Gedanken bleiben beim Thema.«
Es ist darüber hinaus hilfreich, sich klar zu machen, welcher Bestandteil der Arbeit für Sie besonders wichtig ist, was diese für Sie bedeutet und welchen Einfluss sie auf Ihr Leben hat.
Wenn Lärm aus der Nachbarwohnung oder von der Straße die Konzentration beeinträchtigt, hilft der Spruch:
»Ich bin ruhig und konzentriert – Geräusche gleichgültig.«
Derart gewappnet werden Sie den Krach weitaus weniger oder sogar überhaupt nicht mehr zur Kenntnis nehmen.

Kreativität wecken

Das Leben stellt immer neue Herausforderungen an uns. Um diese zu bewältigen, müssen wir kreativ sein. Kreativität ist das Gegenteil von Routine. Nur wenn Ihre Gedanken ungehindert fließen können, haben Sie auch die Kraft, etwas Neues zu schöpfen.
Der Ursprungsort unserer Kreativität ist die rechte Gehirnhälfte. Als Erwachsene sind wir durch Bildung und Erziehung jedoch gewohnt, vorwiegend unsere linke, logisch-linear denkende Hirnhälfte zu benutzen. Daher muss oft konkret daran gearbeitet werden, auch die rechte (wieder) mehr in den Alltag mit einzubeziehen. Am besten gelingt dies, indem Sie bewusst abschalten und auf diese Weise das Potenzial wecken, das in Ihnen steckt. In entspannter Atmosphäre fällt es nämlich sehr viel leichter, auf die innere Intuition zu achten.

Die Gedanken sprudeln lassen

Je größer der Druck, der auf uns lastet, desto eher greifen wir bei der Lösung von Problemen auf bewährte Muster zurück. Denn die aktive linke Hemisphäre verhindert, dass die Ideen spontan sprudeln. Wenn Sie neue Anregungen brauchen, müssen Sie daher zunächst die rechte Hemisphäre anregen, aktiv zu werden. Lassen Sie dabei den Gedanken freien Lauf und zensieren Sie erst ganz am Schluss mit Hilfe der logisch-analytischen linken Hirnhälfte das Ergebnis auf seine Realisierbarkeit. Vor einer schöpferischen Pause ist es hilfreich, sich alles Wissenswerte zu einem Thema einzuverleiben. Anschließend sollten Sie abschalten und etwas ganz anderes machen: Gehen Sie spazieren, legen Sie sich in die Badewanne, hören Sie Musik – oder machen Sie die Grundübung des Autogenen Trainings. Währenddessen läuft die rechte Hirnhälfte auf Hochtouren und verarbeitet den Input. Sie können die Wirkung außerdem durch eine Formel verstärken:

»Ich lasse Ideen in mir aufsteigen«

oder

»Interessante Gedanken kommen auf mich zu«.

Lernblockaden

Der Grund für eine Lernblockade ist in der Regel eine erhöhte Spannung, die durch Druck und Stress erzeugt wird und in regelrechter Angst mündet. Diese kann sich durch Nervosität und Unkonzentriertheit äußern, im Extremfall sogar durch Magenschmerzen, Erbrechen oder Durchfall. Gerade Menschen, die alles möglichst perfekt machen wollen oder starke Selbstzweifel haben, leiden unter den Blockaden. Und da sie stets überprüfen, was sie bisher geschafft haben, kommen sie nur langsam voran. Handelt es sich nicht um ein tief sitzendes Autoritätsproblem, das immer psychologisch betreut werden sollte, kann das Autogene Training auch in diesem Fall gute

> Autogenes Training hilft, die kreative Kraft in Ihnen ans Licht zu bringen.

Hilfe leisten. Denn es vermittelt Ruhe und Gelassenheit und hilft so, Vertrauen in die eigene Leistung zu finden. Die richtigen Leitsprüche helfen, sich effektiv vorzubereiten und Ängste vor Prüfungen oder einem wichtigen Gespräch zu verlieren. Beginnen Sie dazu mit der Grundübung und schließen Sie daran die individuelle Formel an:

»Das Lernen geht wie von selbst.«

Beginnen Sie zudem bereits mehrere Wochen vor einer Prüfung mit einer speziellen Formel wie:

»In der Prüfung bin ich ganz ruhig und gelassen.«

Nervosität

Nervosität kann sich sowohl seelisch als auch körperlich ausdrücken. Sie zeigt sich durch innere Unruhe und Gereiztheit, Stimmungsschwankungen, Zittern, Erröten und nervöses Schwitzen bis hin zu Magenbeschwerden.

Natürlich kann ein gewisser Anteil der Nervosität angeboren sein, etwa Unsicherheit im Umgang mit anderen Menschen oder mangelnde Selbstsicherheit. Sie kann jedoch auch erst im Laufe eines Lebens ans Licht kommen – durch Erziehungsfehler ebenso wie durch andauernden Stress, Krankheit oder psychische Probleme. In allen Fällen jedoch kann sie durch eine bestimmte Lebensweise in der Regel verändert beziehungsweise verbessert werden. Als Therapeutikum hat sich Autogenes Training sehr gut bewährt. Oft reicht die Methode allein schon aus, um die Nervosität zu beheben. In einigen besonders schweren Fällen unterstützt sie andere Behandlungen hervorragend. Immer jedoch ist das Verfahren einem Beruhigungsmittel vorzuziehen.

Die Ruhe-Formel hilft, Belastungen leichter zu ertragen sowie innere Konflikte zu erkennen und zu bewältigen. Darüber hinaus trägt auch äußere Selbstsicherheit dazu bei, dass Sie sich innerlich stark fühlen. Neben einer aufrechten, ruhigen Körperhaltung ist es vor allem der Blick, der positiv auf Ihr Gegenüber wirkt. Deshalb ist es wichtig, im Gespräch nicht wegzuschauen oder den Blick umherirren zu lassen, sondern den Partner direkt anzublicken. Vielen gelingt dies leichter, wenn

! WICHTIG

SIND SIE FIT UND GESUND?

Klären Sie im Vorfeld beim Arzt, ob nicht körperliche oder weit reichende psychische Erkrankungen schuld an Ihrer Nervosität sind. Gerade eine hohe Schweißproduktion kann auch ein Anzeichen einer körperlichen Beschwerde sein. Lassen Sie sich daher gründlich untersuchen.

sie statt in die Augen auf die Nasenwurzel des anderen schauen. Eine passende Formel könnte lauten:
»Blick fest und ruhig.«
Das Gleiche gilt, wenn Sie in kritischen Situationen schnell erröten oder schwitzen. In diesem Fall hilft:
»Ruhig und gelassen – Erröten/Schwitzen gleichgültig.«
Beide Formeln wirken natürlich nicht sofort. Wenn Sie jedoch regelmäßig üben, lässt der Erfolg auf lange Sicht hinaus nicht auf sich warten. Mit etwas Glück benötigen Sie am Ende sogar nicht einmal mehr den Leitspruch.

Mangelndes Selbstvertrauen

Haben Sie oft Schwierigkeiten, sich zu behaupten oder durchzusetzen, kann Autogenes Training häufig einen positiven Impuls setzen, um gelassener und selbstbewusster zu werden und den Alltag besser zu meistern. Schließlich bewirkt die Methode, dass Sie Abstand zu möglichen Problemen gewinnen, wodurch Sie wiederum gelöster werden.
Auch Aggressionen – egal ob sie gegen die Umwelt gerichtet werden oder gegen sich selbst – nehmen durch das Autogene Training langsam ab. Gleichzeitig sinkt die Antriebslosigkeit, die in vielen Fällen das Ergebnis der negativen Empfindungen ist. Stattdessen nehmen Sie Ihr Leben (endlich wieder) selbst in die Hand und können so ohne Umwege die gewünschte Richtung einschlagen.
Um das Selbstbewusstsein aufzuwerten, haben sich beispielsweise diese beiden Formeln bewährt:
»Ich gehe meinen Weg mit Mut, Sicherheit und Selbstvertrauen«
oder
»Ich vertrete mein Recht mit Nachdruck, Offenheit und Augenmaß«.

Persönliche Ziele erreichen

Wer an sich selbst und seine eigenen Ideen glaubt, trägt die besten Voraussetzungen, erfolgreich zu sein, bereits in sich. Allerdings müssen die Ziele, die Sie sich stecken, auch Ihren Möglichkeiten entsprechen. Sonst tauchen zwangsläufig Hindernisse auf.
Doch auch wenn es einmal nicht so läuft, wie Sie es sich vorgestellt haben: Betrachten Sie ein Hindernis immer als eine gute Möglichkeit, etwas Neues zu lernen, nicht um daran zu scheitern. Dann kommen Sie trotzdem voran.
Das Autogene Training hilft Ihnen dabei, sich auf Erfolg zu programmieren – allerdings nur dann, wenn Sie regelmäßig üben, damit Ihr Unterbewusstsein diese positive Botschaft in sich aufnimmt, zum Beispiel mit der Formel:
»Ich bin selbstbewusst und gönne mir meinen Erfolg«
oder
»Jeden Tag verbessere ich mein Leben«.

PROBLEME IM ALLTAG

Mein Mann schnarcht sehr oft. Mit welcher individuellen Formel kann er etwas dagegen tun?

Wie viele Partnerschaften und Ehen sind nicht schon in ernste Schwierigkeiten geraten oder gar auseinander gegangen, weil ein Partner schnarcht. Dabei können Sie mit Autogenem Training wirklich effektiv gegen diese lästige Angewohnheit vorgehen. Bewährt hat sich dabei der Leitsatz: »Auf der Seite (auf dem Bauch) schlafe ich ruhig und fest.«

Ich habe gelesen, dass Autogenes Training sogar im Leistungssport eingesetzt wird. Warum?

Das stimmt: Autogenes Training ist neben dem Kraft- und Ausdauertraining für viele Sportler ein wichtiger Bestandteil ihres Trainingsprogramms geworden – auch im Hochleistungssport. Es mindert Lampenfieber und Nervosität, es baut (Versagens-)Ängste ab und mobilisiert Ihre Leistungsreserven. Darüber hinaus werden Verspannungen und Verkrampfungen gelöst, wodurch das Verletzungsrisiko sinkt.

Ich bin beruflich viel mit dem Auto unterwegs. Was kann ich tun, um hinter dem Steuer fit zu bleiben?

Versuchen Sie es zum Beispiel mit dem Leitspruch »Ich bleibe frisch und wach und komme ans Ziel«. Damit steigern Sie Ihre Aufmerksamkeit und Konzentration bei der Fahrt. Doch Vorsicht: Auch wenn Sie das Autogene Training sicher beherrschen, ersetzt es nicht regelmäßige Pausen während der Fahrt. Machen Sie auf jeden Fall alle zwei Stunden eine kurze Rast, in der Sie einige Schritte an der frischen Luft gehen oder ein paar leichte Gymnastikübungen machen, um den Kreislauf anzukurbeln.

In welcher Hinsicht unterscheidet sich Autogenes Training von Meditation?

Bei der Meditation wird allein der geistige Bereich angesprochen. Ziel der Konzentration ist es, eine höhere Bewusstseinsstufe zu erreichen. Dabei helfen neben Symbolen und Bildern auch einzelne Töne oder Musik. Beim Autogenen Training dagegen soll mit Hilfe der geistigen Konzentration Einfluss auf die Muskeln, den Kreislauf und das vegetative Nervensystem genommen werden, um auf diese Weise die Körpersysteme zu regulieren. Die Gedanken sind dabei das Mittel, den Körper zu erreichen. Das Ziel des Übens ist nicht die Überwindung des Körperlichen, sondern Gelassenheit gegenüber dem Körper.

Ich will abnehmen. Kann ich durch Autogenes Training meine Diät unterstützen, und wenn ja, wie?

Mit der richtigen Formel können Sie Ihren Appetit zügeln (zum Beispiel »Naschen ist unwichtig«) und die innere Gleichgültigkeit gegenüber den kulinarischen Verführern lernen (»Essen gleichgültig«). Dennoch: Ohne einen ausgewogenen Ernährungsplan und ausreichend Bewegung nehmen Sie auch dann nicht ab. Denn damit die Pfunde schmelzen, müssen Sie einfach mehr Kalorien verbrauchen, als Sie zu sich nehmen. Das Autogene Training kann bei diesem Prozess nur unterstützend wirken.

Eine Freundin schwört auf die Progressive Muskelrelaxation, um in besonders stressigen Situationen schnell abzuschalten. Ist diese Entspannungstechnik effektiver als das Autogene Training?

Das lässt sich so nicht sagen. Im Unterschied zum Autogenen Training arbeitet die Progressive Muskelrelaxation oder -entspannnung – auch Muskelentspannung nach Jacobson genannt – ohne Autosuggestion. Stattdessen sorgt allein der Kontrast zwischen gezielter Anspannung und Entspannung der Muskulatur für den gewünschten Effekt. Dadurch sollen Sie lernen, Spannungszustände besser zu erkennen und selbstständig zu lösen.
Muskelentspannung nach Jacobson ist äußerst effektiv und lässt sich in der Regel schneller erlernen als das Autogene Training. Es gelingt daher auch Ungeübten. Autogenes Training dagegen hat eine bessere Langzeitwirkung und einen besonders positiven Einfluss auf Ihre Grundstimmung.
Beide Methoden lassen sich übrigens hervorragend miteinander kombinieren. So haben Sie eine gute Entspannungsbasis (Autogenes Training) und können im akuten Notfall neben den individuellen Formeln auch mit Muskelrelaxation für Abhilfe sorgen.

Was muss ich beachten, wenn ich selbst einen individuellen Leitspruch formulieren will?

Das Wichtigste an einer Formel ist ihre Kürze. Eine knappe Formulierung ist deshalb einer langen immer vorzuziehen, wenn sie Sinn gibt. Ein gewisser Rhythmus ist ebenfalls von Vorteil, da er sich in der Regel besser einprägt. Achten Sie außerdem darauf, dass die gewählten Worte positiv besetzt sind und keine negativen Assoziationen hervorrufen. Zu guter Letzt: Die Formel muss zu Ihnen passen und sich im Bedarfsfall auch einmal abwandeln lassen. Die gewählten Sätze sollten also Ihrem eigenen Geschmack entsprechen und Ihren innersten Gefühlen Ausdruck geben.

Autogenes Training als Therapie

Die Übungen der Grundstufe sind eine hervorragende Vorsorgemaßnahme, um Geist und Körper gesund zu erhalten. Und sie helfen in Kombination mit den individuellen Formeln gegen so manche Alltagsschwierigkeiten. Sobald körperliche oder seelische Beschwerden jedoch in ärztliche Behandlung gehören, ist auch das Autogene Training Sache des Arztes. Dann aber kann es bei vielen Krankheiten hilfreich sein.

Stärkung der Selbstheilungskräfte

Das Autogene Training ist ein Breitbandtherapeutikum erster Ordnung, mit dem sich eine Vielzahl von Störungen und Krankheiten behandeln lassen. So kann die Methode beispielsweise bei Verspannungen, Erkrankungen des Herz-Kreislauf-Systems und Beschwerden seelischer Ursache richtiggehend als Therapie eingesetzt werden. In einigen Fällen greift Autogenes Training – wie bei den funktionellen, nicht körperlich bedingten Störungen – an den Wurzeln einer Beschwerde. Bei psychosomatischen Krankheiten steht es sogar gleichrangig neben anderen psycho- und körpertherapeutischen Maßnahmen. Und auch zur Linderung von Schmerzen, etwa bei Rheuma, wird es immer öfter zur Unterstützung anderer Behandlungsmethoden angewendet.

Im Gegensatz zu leichtem Unwohlsein oder psychischen beziehungsweise körperlichen Beschwerden, wie Sie im vorhergehenden Kapitel beschrieben wurden, sollten Sie in all diesen Fällen jedoch unbedingt unter fachkundiger Anleitung und ärztlicher Überwachung üben.

Gesund durch Entspannung

Die wohl wichtigste Aufgabe, die dem Autogenen Training innerhalb der medizinischen Therapie zukommt, ist unumstritten: Es vermindert die Ängste, die jede Krankheit mit sich bringt. Wir wissen heute, dass 30 bis 50 Prozent der Patienten, die einen niedergelassenen Arzt aufsuchen, neben der körperlichen auch einer seelischen Behandlung bedürfen. Die zukunftsorientierte, moderne Medizin stellt daher psychosomatische und psychotherapeutische Verfahren immer häufiger gleichrangig neben ihre naturwissenschaftlichen Methoden. Und sie versucht immer intensiver, Entspannungsmethoden, die die Selbstheilungskräfte der Patienten stärken, schon als Vorsorgemaßnahmen einzusetzen, ohne dabei das Autogene Training als Allheilmittel unkritisch zu verkennen.

Ärztliche Anleitung

Das Autogene Training in seiner vereinfachten Form, wie es in diesem Buch vorgestellt wird, kann von einem Gesunden selbstständig erlernt und ausgeübt werden. Das ausführliche Autogene Training nach J. H. Schultz dagegen darf nur von einem Arzt oder erfahrenen Therapeuten eingesetzt werden. Unter fachkundiger Anleitung ausgeübt, aber ist es eine überaus wirkungsvolle Behandlungsmethode. Der Arzt stellt dabei zunächst eine Diagnose und bestimmt, ob Autogenes Training dem Patienten helfen kann. Wenn ja, überwacht er auch im Weiteren den Erfolg der Behandlung.
Im Umkehrschluss bedeutet dieses Vorgehen allerdings, dass Sie im Krankheitsfall das Autogene Training nicht selbstständig erlernen und ausüben sollten. Schließlich ist die sachkundige Vermittlung der Methode die unabdingbare Voraussetzung, um die Beschwerden zu lindern.

Die Vorsorgemedizin

Auf die Frage, bei welchen Erkrankungen und Symptomen das Autogene Training vom Arzt als Therapie eingesetzt werden kann, ist an erster Stelle die vorsorgende Medizin zu nennen. In einer nicht unerheblichen Anzahl von Fällen kann nämlich durch gezielte und regelmäßige Entspannungsübungen vielen Krankheiten äußerst effektiv vorgebeugt werden.
Eine besondere Rolle kommt dabei der Bekämpfung von negativem Stress zu. Denn dieser stellt nicht nur im akuten Fall eine große psychische Belastung dar. Er ist auch verantwortlich für viele so genannte Zivilisationskrankheiten wie Magen-Darm-Beschwerden, Rückenschmerzen, Herzinfarkt und andere schwerwiegende Erkrankungen im koronaren System.

Stressabbau schützt vor Krankheit

Jeder von uns ist in regelmäßigen Abständen Stress ausgesetzt. Dazu können extreme körperliche oder geistige Leistungsanforderungen ebenso zählen wie emotionale und soziale Belastungen in der Familie, im Freundeskreis oder im Beruf. Darüber hinaus können auch physikalische Reize wie Wärme oder Kälte und chemische Substanzen (etwa Medikamente) Stress auslösen.

Wie der Körper Stress bewältigt, läuft seit Jahrtausenden nach dem gleichen Schema ab. Der Reiz löst dabei einen hormongesteuerten Prozess aus, der sich aus drei Teilen zusammensetzt: Alarmreaktion, Widerstand beziehungsweise Anpassung und Erschöpfung.

Doch während unsere Vorfahren noch in direkter Folge des Alarms mit Flucht oder Kampf reagierten – dem Impuls also stets eine körperliche Aktion folgte –, setzt der moderne Mensch dem Druck in den seltensten Fällen ein ausreichendes Maß an Bewegung entgegen. Die Wenigsten von uns werden nach Ärger mit ihrem Chef oder vor einem wichtigen Termin erst einmal eine halbe Stunde laufen gehen, um die Anspannung, die sich im Körper aufgebaut hat, wieder zu lösen. Dabei wäre dies – wenn es auch ungewöhnlich klingen mag – genau der richtige Weg zur Stressbewältigung.

Und die Stressbelastung nimmt immer mehr zu, schließlich steigen die gesellschaftlichen Erwartungen an jeden von uns. Doch auch wenn Sie dem Druck zunächst standhalten können: Spätestens wenn Sie zusätzlich geschwächt sind – beispielsweise durch eine Krankheit –, können Sie die Erwartungen, die an Sie gestellt werden, nicht mehr ohne Weiteres erfüllen.

Schaffen Sie sich Ruhepausen

Sicher ist es in einer Leistungsgesellschaft wie der unseren nicht immer einfach, einen Gang herunterzuschalten und sich regelmäßig und bewusst Auszeiten zu nehmen, in denen der Körper seine Energiereserven wieder neu füllen kann. Kinder beispielsweise suchen sich nach einer anstrengenden Aktion von allein ihren »Ruheraum«. Bei Erwachsenen dagegen muss es nicht selten erst einmal zum totalen seelischen oder körperlichen Zusammenbruch kommen, bis sie das natürliche Gesetz von Anspannung und Entspannung (wieder) ernst nehmen. Dabei muten sie nicht nur ihrem Körper, sondern auch ihrer Psyche viel zu viel zu, was auf Dauer gesundheitliche Folgen nach sich zieht. Aus diesem Grund sind die Vermeidung und der rechtzeitige Abbau von Stress ein wichtiges Mittel zur Erhaltung von Gesundheit, Fitness und Wohlbefinden. Gelingt dies nicht, kann Stress nicht nur innere Unruhe und Angst verursachen, sondern auch das Immunsystem schwächen und im schlimmsten Fall zu Organschäden bis hin zu einem Herzinfarkt führen. Denn schnappt die Stressfalle erst einmal zu, kann sich der Bluthochdruck dauerhaft erhöhen; und wie Sie sicher wissen, ist dies eine der Voraussetzungen für einen Infarkt.

Bleiben Sie gesund

Es gibt eine Studie, die beweist, dass autogen trainierte Menschen selbstsicherer und aktiver sind. Sie sind stärker nach außen orientiert, besser gelaunt und eindeutig weniger deprimiert, ängstlich oder erregt als vergleichbare Versuchspersonen, die das Autogene Training nicht beherrschen. Und sie leiden im Vergleich zu jemandem, der das Autogene Training nicht praktiziert, auch weniger unter Stress. Im Klartext bedeutet dies, dass belastende Umweltfaktoren unterschiedlichster Art ihnen weniger anhaben können. Es gelingt ihnen sichtbar besser, ihr körperlich-seelisches Gleichgewicht zu wahren beziehungsweise dieses nach einer zeitlich begrenzten Überlastung schneller wiederherzustellen.

Hieraus erklärt sich der große Stellenwert, den das Autogene Training in der Psychohygiene und der Vorsorgemedizin einnimmt. Rechnen Sie dazu noch die nachweisliche Entspannung der Muskulatur und der Gefäße sowie die bereits dargestellten Leistungen im Hinblick auf eine individuelle Persönlichkeitsfindung hinzu, so ist die Bedeutung des Autogenen Trainings als Hilfe bei der Bewältigung von Problemen und Belastungen des Alltags leicht zu verstehen. Sie sollten daher nicht noch mehr Zeit vergehen lassen und sich diese positive Wirkung auch selbst zu Nutze machen.

Stress und Hektik bestimmen unseren Alltag. Auszeiten halten Sie fit.

Herzkrankheiten vorbeugen – Risikofaktoren ausschalten

Seit Jahren führen Erkrankungen der Herzkranzgefäße die Statistik von Krankheiten und Todesursachen an. Bei immer mehr Menschen treten Angina pectoris (Brustenge) und Herzinfarkt auf. Schon heute sterben an diesen Erkrankungen bereits mehr Männer im Alter von über 45 Jahren als an allen Krebsformen und anderen bösartigen Geschwulsten zusammen. Wenn Sie selbst etwas dagegen tun wollen, krank zu werden, kann Autogenes Training einen wichtigen Beitrag dazu leisten. Aber auch wenn Sie bereits wegen einer koronaren Herzerkrankung ärztlich betreut werden, lässt sich die Methode neben anderen (schulmedizinischen) Behandlungsformen wirkungsvoll als unterstützendes Therapeutikum einsetzen.

> Auch wer regelmäßig sanften Ausdauersport praktiziert, stärkt sein Herz.

Doch was sind die Risikofaktoren für ein geschädigtes Herz? Viele Studien haben gezeigt, dass es sowohl verschiedene körperliche Schädigungsmechanismen sind, die eine Entstehung bestimmter Krankheiten begünstigen, als auch bestimmte krank machende Verhaltensweisen oder Lebensbedingungen – vom Bewegungsmangel über falsche Ess- und Trinkgewohnheiten bis hin zu andauerndem Leistungsdruck und dem daraus resultierenden Sich-ständig-überfordert-Fühlen. Zu den schwerwiegenden Risikofaktoren zählen

- Bluthochdruck (Hypertonie),
- Rauchen und
- Übergewicht in Verbindung mit erhöhten Blutfettwerten.
- Viele der Erkrankten zeigen zudem vermehrt aggressiv-ehrgeiziges Verhalten bei gleichzeitiger starker innerer Anspannung.

Sicher: Ein Risikofaktor allein bedeutet nicht unbedingt eine ernsthafte Bedrohung für Ihre Gesundheit. Kommen jedoch zwei oder gar drei davon zusammen, was sehr häufig vorkommt, muss dies immer als eine starke gesundheitliche Gefährdung angesehen werden.
In diesem Fall bietet das Autogene Training eine ausgezeichnete Möglichkeit, den Risikofaktoren vorzubeugen und therapeutisch auf sie einzuwirken.

Bluthochdruck

Ein chronisch zu hoher Blutdruck schädigt die Gefäße, weil er zu deren Verengung und Verstopfung beiträgt und dadurch einen Herzinfarkt oder Schlaganfall verursachen kann. Nicht immer sind es jedoch tatsächlich Krankheiten oder Funktionsstörungen von Organen, die einen Bluthochdruck verursachen. Auch andauernder Stress und zu große psychische Belastung können sich auf ihn auswirken. Aus diesem Grund können Sie selbst dann unter erhöhten Werten leiden, wenn Sie sich ausgewogen und salzarm ernähren und nicht erblich belastet sind. Gerade beim so genannten psychoreaktiv erhöhten Blutdruck lässt sich mit Autogenem Training eine Menge erreichen. Indem Sie durch regelmäßiges konzentriertes Üben innere Ruhe einkehren lassen, senken Sie die Blutwerte nachweislich – und das nicht nur während des Trainings, sondern auch dauerhaft. Und damit haben Sie bereits einen großen Schritt in Richtung gesundes Herz getan.

Rauchen

Zigarettenrauchen kann nicht nur zu einem ungeliebten Laster werden, sondern auch – mitunter schwere – Krankheiten verursachen. Nikotin, Blausäure, Kohlenmonoxid, Arsen und Ammoniak sind bei übermäßigem Konsum nicht nur für Beschwerden im Atemtrakt und Magenbereich oder Kopfschmerzen verantwortlich. Im schlimmsten Fall schaffen sie die Grundlage für schwere Krankheiten wie Lungenkrebs, Raucherbein oder Herzinfarkt. Trotz dieser »Nebenwirkungen« fällt es fast allen Rauchern unendlich schwer, sich vom Glimmstängel loszusagen. Schließlich können die Inhaltsstoffe in geringer Dosis auch leistungssteigernd und stress- beziehungsweise angstlindernd wirken. Das Rauchen spielt also für die Psyche mitunter eine wichtige Rolle.
Zudem geht der Entzug wahrscheinlich nicht spurlos an Ihnen vorüber: Unruhegefühle und Nervosität, Hitzewallung und Verstopfung sowie eine deutliche Gewichtszunahme können die Folgen sein.
Wenn Sie dennoch mit dem Rauchen aufhören wollen, ist es daher wichtig, sich zuerst einmal darüber klar zu werden, warum Sie nicht mehr rauchen wollen. Was motiviert Sie? Ist es die Gesundheit oder das Geld, das Sie dadurch sparen? Stört es Ihren Partner oder Ihre Partnerin, oder sind Sie schwanger? Es gibt viele gute Gründe, aufzuhören.
Das Autogene Training kann Ihnen dabei eine wichtige Hilfestellung leisten. Denn indem Sie mit einer dazu geeigneten individuellen Formel dem Reiz, der von einer Zigarette ausgeht, gegenüber gleichgültig werden, fällt es Ihnen leichter, den Konsum einzuschränken oder sogar ganz mit dem Rauchen aufzuhören. Wie die Entwöhnung funktionieren kann, erfahren Sie auf Seite 80 f.

Übergewicht und erhöhte Blutfettwerte

Das ist nichts Neues: Wer zu viel isst, nimmt zu. Doch mit der Nahrung werden dem Körper nicht nur unnötige Kalorien zugeführt. Auch die Blutfette, die dem Organismus als Energielieferanten und Baustoffe dienen, werden zu einem Teil mit ihr aufgenommen. Führen Sie dem Organismus zu viele Fette zu, steigen die Blutfette ebenso an wie infolge einer Fettstoffwechselstörung. Ein andauernd erhöhter Gehalt bestimmter Blutfette aber kann Degenerations- und Alterungsprozesse in den Blutgefäßen auslösen und beschleunigen. Und das bedeutet auch für die Herzkranzgefäße ein erhöhtes Risiko. Aber die falschen Essgewohnheiten sind nicht immer nur das Ergebnis eines ungezügelten Appetits, sondern oftmals auch die Folge einer psychischen Fehlhaltung. Vereinfacht gesagt bedeutet dies, dass viele Menschen versuchen, innere Anspannung und Angst durch übermäßiges Essen – wie auch durch zu viel Alkohol – abzubauen.

Gerade in diesem Fall hilft Autogenes Training: Es führt zu innerer Ausgeglichenheit mit harmonischem Wechsel von Anspannung und Entspannung und somit zum Abbau von Angst und Stress. Die neu gewonnene innere Ausgeglichenheit macht nicht nur unabhängiger von übermäßiger Nahrungszufuhr, die der Körper im Grunde gar nicht braucht. Ebenso baut sie krankhaften Ehrgeiz und das daraus resultierende (auto)aggressive Verhalten ab.

Auch wenn Sie bereits erhöhte Blutfettwerte haben, können Sie diese durch Autogenes Training deutlich senken. Das ergaben wissenschaftliche Untersuchungen an betroffenen Testpersonen.

INFO

DER BODY-MASS-INDEX

Der so genannte Body-Mass-Index (BMI) verrät Ihnen, ob Sie nur ein paar Pfund zu viel auf den Hüften oder bereits gesundheitsschädigendes Übergewicht haben. Er errechnet sich aus

$$\frac{\text{Körpergewicht in kg}}{(\text{Körperlänge in Metern})^2}$$

SO SOLLTE IHR BMI LIEGEN

Alter	BMI
19–24	19–24
25–34	20–25
35–44	21–26
45–54	22–27
55–64	23–28
› 64	24–29

Vorbeugendes Gefäßtraining

Dass Autogenes Training eine gefäßerweiternde Kraft besitzt, wissen Sie spätestens seit der Wärme-Übung. Doch durch regelmäßiges Üben können Sie nicht nur etwas gegen ständig kalte Gliedmaßen unternehmen. Sie machen damit auch ein gutes Gefäßtraining, das dem Entstehungsmechanismus vieler Krankheiten entgegenwirkt – auch der Erkrankung des Herz-Kreislauf-Systems. Denn gut trainierte Gefäße widerstehen den Degenerations- und Alterungsprozessen weitaus besser als untrainierte.

Beschwerden mit seelischer Ursache

Nicht nur Anhänger der so genannten sanften Medizin, auch immer mehr Schulmediziner erkennen den Einfluss der Psyche auf unseren Körper an. Und es ist tatsächlich gar nicht so selten, dass die Ursachen einer Krankheit nicht in organischen Fehlfunktionen oder Versagen liegen, sondern auf der geistig-seelischen Ebene zu suchen sind. Gerade bei diesen Störungen ist das Autogene Training ein hervorragendes Therapeutikum.

Funktionelle Störungen und psychosomatische Krankheiten

Zur Behandlung funktioneller Störungen ist die Entspannungsmethode regelrecht Mittel der Wahl. Meist handelt es sich hier um seelisch bedingte körperliche Fehlregulationen ohne nachweisbare Organschäden. Eine zentrale Rolle für diese Fehlregulation spielt die erhöhte Irritierbarkeit oder eine Fehlsteuerung des vegetativen Nervensystems. Das bei funktionellen Störungen verschobene Gleichgewicht im vegetativen Nervensystem (Sympathikus–Parasympathikus) wird durch das Autogene Training mit seiner entspannenden Wirkung wieder stabilisiert.

Sobald zu einer funktionellen Störung eine Organschädigung hinzukommt, wenn also die psychisch bedingte Krankheit in einer Organschädigung nachweisbar wird, spricht der Mediziner von den psychosomatischen Krankheiten im engeren Sinne. Meist geht der psychosomatischen Erkrankung eines Organs, zum Beispiel einem Magengeschwür, ein auslösendes Ereignis in Verbindung mit einer so genannten Schicksalssituation voraus. Aus diesem Grunde genügt es in der Regel nicht, das Autogene Training allein als Therapie einzusetzen. Vielmehr sind zusätzlich intensive Gespräche zwischen Patient und Arzt notwendig, ebenso wie geeignete körperliche Behandlungsmaßnahmen, beispielsweise Medikamente.

Die gestufte Aktivhypnose

Ein Verfahren wie die gestufte Aktivhypnose kombiniert das Autogene Training mit gewissen hypnotischen Elementen. Auf diese Weise ist der Patient letztendlich in der Lage, Selbsthypnosen durchzuführen. Parallel dazu erstellt der Arzt gemeinsam mit dem Patienten eine

Analyse der Begleiterscheinungen seiner Erkrankung und seiner Lebensumstände. Schließlich folgt – ähnlich wie bereits auf Seite 76 ff. geschildert – die Erarbeitung eines wandspruchartigen Leitsatzes. Zuletzt werden dann die in diesem Leitsatz zusammengefassten Ergebnisse der analysierenden Gespräche mit der inzwischen erlernten Selbsthypnose zu einer zweigleisigen Psychotherapie kombiniert. Diese mehrdimensionale Methode hat sich in der Therapie psychosomatischer Krankheiten außerordentlich gut bewährt, und zwar sowohl in der stationären als auch in der ambulanten Behandlung. Von anderen Psychotherapierichtungen hebt sie sich vorteilhaft vor allem durch ihre vergleichsweise kurze Dauer und ihr pragmatisches Vorgehen ab.
Im Folgenden sollen einige Beispiele funktioneller Störungen und psychosomatischer Krankheiten aufgezeigt werden, bei deren Behandlung das Autogene Training wirkungsvoll eingesetzt werden kann. Nicht immer lassen sich dabei die Grenzen zwischen beiden Krankheitsbildern exakt ziehen. Vielmehr kann es im Einzelfall durchaus zu fließenden Übergängen kommen.

INFO

STIMMT IHR BLUTDRUCK?

Ihr Blutdruck ist zu hoch, wenn er bei Anspannung (Systole) über 140 mmHg, bei Erschlaffung (Diastole) über 95 mmHg beträgt.*
Liegt Ihr systolischer Wert unter 100 mmHg, ist der Blutdruck niedrig.*

* Durchschnittswerte für 40-Jährige

Zu hoher Blutdruck

Glaubt man US-amerikanischen Untersuchungen, leiden etwa 20 Prozent der erwachsenen Bevölkerung an Bluthochdruck (Hypertonie). Bei etwa vier Fünftel davon lässt sich hierfür keine organische Ursache finden – das heißt, dass diese Menschen an der so genannten essenziellen Hypertonie leiden.
An der Entstehung dieser speziellen Bluthochdruckform scheinen verschiedene, zum Teil noch unbekannte Faktoren von unterschiedlicher Wertigkeit mitzuwirken. Wissenschaftlich gesichert ist zum einen die Tatsache der erblichen Anlage. Zu den Auslösungsfaktoren, die eine Ausbildung und die Entwicklung dieser Krankheit begünstigen können, gehören darüber hinaus sicher Übergewicht, hoher Salzverzehr und – allerdings nur unter bestimmten Bedingungen – schädigende Umwelteinflüsse. Lärmbelästigungen, Fließbandmonotonie, Managertum, Leistungsdruck und Existenzangst: Das alles sind Begriffe, die derartige negative Einflüsse auf unseren Körper kennzeichnen.

Nie wieder kalte Füße: Wer regelmäßig Autogenes Training übt, kurbelt die Durchblutung an und sorgt so für innere Wärme – bis in die Zehenspitzen.

Dass Bluthochdruck als Risikofaktor für Herzinfarkt anzusehen ist, wurde bereits angesprochen. Aber auch die Entwicklung der Gefäßverkalkung (Arteriosklerose) wird durch Hypertonie beschleunigt. Im schlimmsten Fall kann die direkte Folge ein Hirnschlag (Apoplexie) sein. Beugen Sie also aktiv vor! Bei regelmäßig durchgeführtem Autogenem Training sinkt der Blutdruck, abhängig vom Ausgangswert, allmählich um rund 40 mmHg in seinem oberen (systolischen) Wert, im unteren (diastolischen) Wert beträgt die durchschnittliche Blutdrucksenkung etwa 20 mmHg. Für diese wesentliche Senkung ist unter anderem der gefäßtrainierende Effekt der Methode verantwortlich.

Zu niedriger Blutdruck

Im Gegensatz zur Hypertonie ist ein zu niedriger Blutdruck (Hypotonie) zwar nicht lebensbedrohend, er stellt für die Betroffenen aber eine unangenehme Einschränkung des Lebensgefühls dar. Nicht wenige leiden unter regelmäßigen Schwindelattacken oder gar Ohnmachtsanfällen. Auch Durchblutungsstörungen an Händen und Füßen sind Folge eines zu niedrigen Blutdrucks. Dass sich Letztere durch Autogenes Training wirkungsvoll bekämpfen lassen, haben Sie bereits gelesen. Auf dieselbe Weise trägt die Methode dazu bei, den psychisch bedingten niedrigen Blutdruck zu heben und das Wohlbefinden wiederherzustellen.

Asthma

Asthma gehört heute – ebenso wie der Bluthochdruck – zu den so genannten Volkskrankheiten: Ein bis sieben Prozent der Bevölkerung leiden an der Erkrankung der Bronchien. Bei seiner Entstehung wirken unter anderen entzündliche, allergische, seelische und sicher auch erbliche Faktoren zusammen.
Neben einer Schleimhautschwellung und vermehrter Schleimbildung in den Bronchien kommt es beim Asthma zu einer massiven Verkrampfung der unwillkürlichen Bronchialmuskeln. Dies wiederum führt zu quälenden Anfällen von Atemnot.
Vor allem die Atmungsphase – an sich ja ein passiver Vorgang – ist erschwert: Die Atemluft, die ein Asthmakranker durch das bei ihm mit Schleim verlegte Röhrensystem der Bronchien unter Einsatz aller zur Verfügung stehenden Muskeln in die Lunge eingeatmet hat, kann passiv nicht mehr vollständig wieder aus ihr hinausströmen. Die Luft muss vielmehr gegen den Widerstand der verengten Bronchien mit (aktiver) Muskelkraft herausgepresst werden. Und das Gefühl, deswegen während eines Anfalls wie ein Ball aufgepumpt zu sein, ist sicher ein Grund dafür, dass Asthmakranke den nächsten Anfall so sehr fürchten. Das Fatale daran: Aus Angst vor dem Anfall verkrampfen sich wiederum die Muskeln. Ein qualvoller Teufelskreis beginnt.

Mit Hilfe des Autogenen Trainings kommt es dagegen zur Entspannung der Bronchialmuskulatur. Durch das Einüben der Atem-Einstellung (siehe Seite 67 ff.) gewinnt der Atemvorgang allmählich seinen selbstständigen Charakter zurück. Gezielte Übungen mit speziellen Formeln können zusätzlich eine Abschwellung der Schleimhaut und damit eine Verminderung des in den Bronchien abgelagerten Schleims bewirken. Zudem lässt sich die Angst vor dem nächsten Anfall abbauen.
Um das Autogene Training zu erlernen, bedarf ein Asthmakranker unbedingt der Unterweisung durch einen erfahrenen Arzt. Vom selbstständigen Erlernen der Methode ist dagegen abzuraten. Häufig wird die Unterweisung sogar unter stationären Bedingungen erfolgen müssen.
Auch wenn dies alles äußerst positiv und erfolgversprechend klingen mag, eines muss dennoch klar sein: Wer unter Asthma leidet, dem ist natürlich mit Autogenem Training allein nicht geholfen. Es gibt schwere und leichte Ausprägungen dieser Erkrankung, und nicht jeder Patient lernt tatsächlich, einem drohenden Asthmaanfall ausschießlich mit Hilfe gezielter Entspannung entgegenzuwirken. In jedem Fall kann diese Methode aber als eigenständiger Teil der Asthmatherapie gelten, bei der die medikamentöse sowie die krankengymnastische Behandlung jedoch weiterhin einen großen Stellenwert einnehmen.

Rheuma

Das Grundgerüst unseres Körpers besteht aus Knochen, Gelenken und Muskeln. Können diese aus irgendeinem Grund nicht optimal zusammenspielen, wirkt sich dies sofort negativ auf die Beweglichkeit und die Lebensqualität aus.
Gerade bei einer lang andauernden Krankheit wie Rheuma wird dies besonders deutlich. Rheuma kann nach einer Verletzung ebenso auftreten wie nach einer Infektion oder als Folge einer Allergie oder einer anderen Grunderkrankung. Auch psychosomatische Einflüsse sind möglich.
Sowohl bei der rheumatischen Gelenkentzündung (chronische Polyarthritis) und dem akuten Gelenkrheumatismus als auch beim so genannten Weichteilrheumatismus (rheumatische Beschwerden in den die Gelenke umgebenden Muskeln und Sehnen) spielen Schmerzen, eine erhöhte Muskelspannung und Schwellungen der Gelenke die zentrale Rolle im Krankheitsgeschehen.
Eins vorweg: Das Wichtigste bei der Behandlung der rheumatischen Erkrankungen ist und bleibt die Bewegung. Doch nicht immer kann ein Patient dazu motiviert werden, die notwendige Gymnastik und speziell die Übungen für das erkrankte Gelenk Tag für Tag durchzuführen, wenn ihm bereits das Heben des Armes oder ein einzelner Schritt beträchtliche Schmerzen bereiten. Bei schweren Verlaufsformen der Erkrankung muss der Arzt daher mit Hilfe eines Schmerzmittels seinem Rheumapatienten die Bewegung erträglich machen. Trotzdem sollte das oberste Ziel der Behandlung immer sein, mit so wenigen Schmerzmitteln wie möglich auszukommen. Und genau dazu bietet sich eine Methode wie das Autogene Training an. Aufgrund seiner muskelentspannenden, gefäßerweiternden und schmerzlindernden Wirkung kann es dem Betroffenen eine wesentliche Hilfe bei der Schmerzbewältigung vermitteln.

TIPP: BRENNNESSEL GEGEN RHEUMA

In der Phytotherapie hat sich vor allem die Brennnessel als wahres Rheumakraut erwiesen. Das Kraut wirkt entzündungshemmend und wird daher vom Bundes-Expertengremium für pflanzliche Arzneimittel (Kommission E) sowie der ESCOP (European Scientific Cooperative on Phytotherapy) zur unterstützenden Behandlung bei rheumatischen Beschwerden empfohlen. Sie erhalten Brennnesselkraut in der Apotheke als Presssaft, Kapseln, Tee oder lose.

Magen-Darm-Beschwerden

In welch engem Zusammenhang Magen und Psyche stehen, davon zeugen einige gebräuchliche Redewendungen: Ärger schlägt uns auf den Magen, vor Anspannung oder Angst dreht es uns den Magen um. Und tatsächlich: Stress oder Sorgen erhöhen den Säurespiegel im Magen und schädigen dadurch die Schleimhäute. Ist dies immer wieder der Fall, können Bakterien eindringen und im schlimmsten Fall sogar ein Magengeschwür verursachen, das dann ärztlich behandelt werden muss. Damit es erst gar nicht so weit kommt, können Sie mit Autogenem Training dazu beitragen, die Psyche zu entlasten und für innere Ruhe und Harmonie zu sorgen. Aber auch wenn die Magenentzündung bereits chronisch geworden ist (Gastritis), bei Magen- und Dünndarmgeschwüren, bei Reizkolon, Dünndarmentzündung (Ileitis terminalis) und geschwüriger Dickdarmentzündung (Colitis ulcerosa) kann die Behandlung durch Autogenes Training wirkungsvoll ergänzt werden. Unter Umständen ist sie auch bei chronischer Verstopfung sowie bei Beweglichkeitsstörungen der Speiseröhre (Globusgefühl, Luftschlucken) ein hervorragendes Therapeutikum.

Regelmäßig angewendet sorgt Autogenes Training für eine tiefe Entspannung. Es wirkt Ängsten und Stress entgegen und bekämpft daher die Auslöser der Krankheiten. Im akuten Fall kann die Methode ebenfalls Schmerzen lindern. Da durch die Konzentration auf den Bauchraum der gesamte Bereich besser durchblutet und entspannt wird, schwindet der Druck auf Magen und Darm. Zugleich können Sie die Aufmerksamkeit des Körpers von der Schmerzquelle im Bauch wegleiten und so die Beschwerden erträglicher machen.

INFO

HILFE ZUR SELBSTHILFE – DER OPTIMALE WEG

Neben der Ausschöpfung aller diagnostischen und therapeutischen Möglichkeiten zur Behandlung einer Krankheit gewinnen Verfahren wie das Autogene Training, die die Selbstheilungstendenzen des Patienten fördern, immer mehr an Bedeutung. Heute ist diese leicht lehr- und lernbare, Seele und Körper des Menschen gleichermaßen erfassende Methode eine der am häufigsten angewandten Formen der Psychotherapie. Sie stellt auch für den nicht psychotherapeutisch geschulten Arzt das Rüstzeug dar für eine umfassende Behandlung seiner Patienten und vertieft das Vertrauen zueinander, das die Basis sein muss für eine befriedigende Arzt-Patienten-Beziehung.

Herzbeschwerden

Wie unter dem Stichwort Gesundheitsvorsorge (Seite 97 ff.) bereits angesprochen, kann Autogenes Training gerade im Bereich von Herzbeschwerden erfolgreich als (begleitendes) Therapeutikum eingesetzt werden. Zu den geläufigsten Krankheitsbildern zählen dabei funktionelle Herzbeschwerden wie Herzjagen, Herzrasen, Herzstolpern, die Angina pectoris (die Brustenge) und der Herzinfarkt.
Vor allem nach Letzterem kann Autogenes Training sehr wichtig sein (beachten Sie dazu jedoch die Ausführungen auf Seite 117). Schließlich lebt jeder Infarktpatient zunächst in mehr oder minder großer Angst vor einem Reinfarkt. Hinzu kommt bei vielen Betroffenen gerade nach dem schrecklichen Ereignis Existenzangst – Angst, im beruflichen oder persönlichen Bereich zu versagen. Die innere Ausgeglichenheit dagegen, die das Autogene Training vermittelt, kann helfen, diese Ängste abzubauen und die in der Regel notwendige Umstellung der Lebensweise leichter zu bewältigen (beispielsweise wenn Sie mit dem Rauchen aufhören oder Ihre Ernährung umstellen müssen).
Doch trotz dieser positiven Wirkung sollte Autogenes Training stets erst nach Rücksprache mit dem Arzt und natürlich – wie bei allen in diesem Kapitel beschriebenen Krankheiten – unter sachkundiger Vermittlung erlernt werden. Nur dann kann es seine volle Wirkung entfalten.

Weitere psychosomatische Beschwerden

Oft sind es aber nicht lebensbedrohende Krankheiten, sondern gerade die vermeintlich »erträglicheren« Schmerzen, die uns das Leben regelmäßig unnötig schwer machen: Mehr oder minder starken Kopfschmerzen, psychogenen Schulter-, Kreuz- und Rückenschmerzen oder Schlafstörungen sind wir häufig beinahe hilflos ausgeliefert. Ebenso gehören verschiedene Störungen der Sexualität – wie beispielsweise psychogene Impotenz, vorzeitige Ejakulation, Vaginismus oder Regelschmerzen – für viele fast schon zum Alltag.
Dabei gibt es ein äußerst erfolgversprechendes Mittel gegen all diese Krankheitsbilder: das Autogene Training. Auch bei einem muskulären Schiefhals, bei Schreibkrämpfen, allergischen Erkrankungen, Hautekzemen und funktionellen Blasenbeschwerden unterstützt die Methode eine Behandlung hilfreich. Und auf die Möglichkeit, mit Autogenem Training funktionelle Sprachstörungen (etwa das Stottern) zu überwinden, wurde bereits ausführlich eingegangen (Seite 79).
Zum Schluss sei an dieser Stelle jedoch ein Satz von Professor Langen zitiert, der für den Erfolg einer Therapie äußerst wichtig ist: »Nicht jede Krankheit, die psychosomatisch sein kann, ist es auch!«

Tunnelblick: Wenn keine Lösung in Sicht scheint, hilft es oft, sich zu entspannen.

Hilfe bei seelischen Störungen (Neurosen)

Zwar ist das Autogene Training bei allen Formen von seelischen Störungen grundsätzlich als Therapie empfehlenswert. Es hängt jedoch weitgehend vom Einzelfall ab, mit welchen psychotherapeutischen Methoden es am besten kombiniert wird. Die folgende Zusammenstellung kann daher nur einen groben Überblick über die wichtigsten seelischen Dysbalancen geben, bei deren Behandlung sich das Autogene Training als geeignete (Zusatz-) Maßnahme erwiesen hat:

- Abnorme seelische Reaktionen (Fremdneurosen), zum Beispiel depressive Erlebnisreaktionen und Konfliktreaktionen, wie sie während des Studiums und bei Prüfung auftreten können.
- Abnorme seelische Entwicklungen (Rand- und Schichtneurosen), zum Beispiel Phobien und Zwangssyndrome – wobei die Wirksamkeit des Autogenen Trainings hier jedoch meist eingeschränkt ist –, hysterische Syndrome und andere.
- Abnorme Persönlichkeitsentwicklungen – Persönlichkeitsstörungen (Kern- oder Charakterneurosen), wie sie beispielsweise bei selbstunsicheren, hypochondrischen und depressiven Menschen vorliegen.

Weitere Probleme

Obwohl die nachfolgend genannten Verhaltensweisen nur in schweren Fällen Erkrankungen sind, liegt ihnen häufig eine neurotische Anlage zugrunde. Aus diesem Grund kann Autogenes Training hier ebenso stabilisierend wirken wie bei den anderen psychischen Problemen:

- Sexuelle Verhaltensabweichungen,
- Alkoholmissbrauch,
- Medikamenten- und Drogenmissbrauch.

Autogenes Training in der Frauenheilkunde

Immer mehr Frauen sehnen sich danach, Unpässlichkeiten vor oder während der Monatsblutung, schwierige Phasen während der Schwangerschaft oder Schmerzen bei der Geburt auf sanfte Art und ohne große medizinische Eingriffe zu behandeln und zu bewältigen. Dabei kann Autogenes Training als ein hervorragendes Therapeutikum dienen.

Prämenstruelles Syndrom

Beim prämenstruellen Syndrom – kurz PMS – kommt es regelmäßig kurz vor der Monatsblutung zu Beschwerden: Der veränderte Hormonspiegel zieht dann andauernde Unterleibs- oder Rückenschmerzen, Spannungsgefühle in der Brust, Schwindel, niedrigen Blutdruck, Blähungen, Durchfall und/oder eine Verschlechterung des Hautbildes nach sich. Nicht selten gehen damit auch Kopfschmerzen und Migräne einher. Betroffene Frauen leiden zudem häufig unter depressiver Verstimmung, sind reizbar und lustlos. Grund für diese sowohl physischen als auch psychischen Veränderungen ist wahrscheinlich ein Mangel an Serotonin und Prostaglandine auslösenden Hormonen. Diese verursachen, dass sich die Gebärmutter krampfartig zusammenzieht und so ihre Schleimhaut abstößt. Die Hormone spielen darüber hinaus eine Rolle bei der Schmerzauslösung. Denn Anspannung und Stress wirken stark auf den Prostaglandinhaushalt und verstärken so die Beschwerden.

Aus diesem Grund helfen auch ein entspanntes Umfeld sowie ein gutes Selbstbewusstsein dabei, dem Schmerz vorzubeugen. Schließlich ist die psychische Verfassung ausschlaggebend dafür, in welchem Maße PMS Gewalt über die Frauen einnimmt. Regelmäßig ausgeführtes Autogenes Training kann in diesem Sinne viel dazu beitragen, Unwohlsein und Schmerzen von vornherein abzuschwächen oder sogar ganz zu verhindern. Aber auch im konkreten Fall hilft es, die Beschwerden zu lindern. Denn durch den bereits besprochenen »Spotlight-Effekt« können Sie die Aufmerksamkeit von der schmerzhaften Partie abziehen (siehe Seite 52).

TIPP

PMS NATÜRLICH BEHANDELN

Neben Autogenem Training haben sich auch Präparate aus der Pflanzenheilkunde als hilfreich gegen die Beschwerden des PMS bewährt. Vor allem Mönchspfeffer – kurmäßig über mehrere Monate eingenommen – hat einen positiven Effekt.

Schwangerschaft

Erwartet eine Frau ein Kind, ist sie zwar nicht krank, aber im wahrsten Sinn des Wortes in anderen Umständen. Und diese erfordern eine besondere Behandlung – die Ihres eigenen Körpers ebenso wie durch die Umwelt. Autogenes Training hilft Ihnen dabei, in dieser besonderen Lebenssituation Entspannung zu finden und Kraft für den neuen Lebensabschnitt zu tanken. Die sind nötig, um die Menge an neuen Erfahrungen, aber auch Fragen und Ängste verarbeiten zu können.
Vor allem Letztere tauchen in der gesamten Schwangerschaft immer wieder auf: Ist es die richtige Entscheidung, gerade zu diesem Zeitpunkt ein Baby in die Welt zu setzen? Lassen sich Kind und Karriere verbinden? Werde ich eine gute Mutter sein? Wird sich die Partnerschaft durch das Kind verändern? Und wird – was wohl das Wichtigste ist – das Kind gesund sein und die Geburt ohne Schwierigkeiten verlaufen? Mit der passenden Formel können Sie sich von solchen Befürchtungen weitgehend befreien.
Auch gegen Schwangerschaftsbeschwerden wie morgendliche Übelkeit – eine Folge der hormonellen Umstellung – hat sich Autogenes Training vielfach bewährt, zumal ja Arzneimittel in der Schwangerschaft auf das Nötigste reduziert und immer nur in Absprache mit dem Arzt eingenommen werden sollten.

Offen für das Leben zu dritt

Innere, oftmals unbewusste Widerstände gegen die Schwangerschaft sowie Probleme in der Beziehung – etwa die mangelnde Rücksichtnahme des Partners, aber auch anderer nahestehender Personen – können ebenfalls ein Auslöser für plötzlich auftretende Schwangerschaftsbeschwerden sein.
Auch Schluckstörungen, wie sie häufig in der Schwangerschaft vorkommen, haben oftmals psychische Ursachen (denken sie nur einmal an die Redewendung »Sie schlucken alles in sich hinunter«). Hier kann Autogenes Training einen Beitrag zur persönlichen Konfliktbewältigung leisten. Halten die Beschwerden allerdings über einen längeren Zeitraum an, sollten Sie unbedingt einen Arzt aufsuchen, um eine organische Ursache auszuschließen.
Besprechen Sie darüber hinaus alle Formeln, die Sie in der Schwangerschaft anwenden, mit Ihrem betreuenden Arzt. Er hilft Ihnen dabei, die Ursachen für das Unwohlsein zu erkennen und so eine Formel zu finden, mit der sich das Problem gezielt beeinflussen lässt. Auf diese Weise ist es leicht, die Schwangerschaft als eine glückliche und entspannte Zeit zu erleben.
In körperlicher Hinsicht kann darüber hinaus eine gut gewählte individuelle Formel dazu beitragen, die Muskulatur des Beckenbodens zu lockern, auf die wir

sonst nur mit bestimmten Übungen Einfluss haben. Und das wirkt sich während der Geburt äußerst positiv aus, da das Kind in der Regel schneller auf die Welt kommt, wenn das Becken »mitarbeitet«.

Gesünder leben

Haben Sie vor der Schwangerschaft geraucht oder regelmäßig Alkohol getrunken, ist es jetzt wichtig, auf diese Genussgifte zu verzichten, um das ungeborene Leben in Ihrem Bauch nicht zu gefährden. Viele Frauen haben damit in dieser Situation ohnehin kein Problem. Wenn es Ihnen aber trotz alledem schwer fällt, die Finger zum Beispiel von Zigaretten zu lassen, kann Ihnen das Autogene Training die Entwöhnung um einiges leichter machen. Vergleichen Sie dazu die Formeln auf Seite 80.

Wirkung auf das Kind und den werdenden Vater

Nicht zuletzt können Sie durch das Autogene Training schon jetzt einen positiven Einfluss auf Ihr Kind ausüben. Dabei hilft Ihnen eine Formel, mit der Sie sich selbst und das Baby in einen entspannten Zustand versetzen, oder einfach eine Formel zum Glücklichsein.

Übrigens: Nicht nur auf Mutter und Kind hat das Autogene Training einen äußerst positiven Einfluss. Auch der werdende Vater kann sich damit auf die Geburt und das Leben in der Familie vorbereiten und so seine Frau aktiv unterstützen. Denn die spürt intuitiv, ob der Partner dem Ereignis angespannt und ängstlich oder entspannt und gelassen gegenübersteht. Und dieser Zustand überträgt sich (fast automatisch) auf sie.

› Bei Zweifeln und Ängsten geben Entspannungspausen Kraft und innere Ruhe.

Bei der Geburt

Doch nicht nur während der Schwangerschaft, auch bei der Geburtshilfe selbst hat sich das Autogene Training sehr positiv ausgewirkt, wenn es während der Entbindung praktiziert wird. Aus diesem Grund lernen Schwangere heute in fast allen Geburtsvorbereitungskursen – meist in Verbindung mit speziellen gymnastischen Übungen und Atemtechniken – auch das Autogene Training. Kein Wunder, denn mehrere umfangreiche Untersuchungen haben gezeigt, dass und vor allem wie sich mit Hilfe dieser Methode der Geburtsverlauf beeinflussen lässt:

- Der Geburtsschmerz nahm bei über 1000 beobachteten Geburten, vor allem in den ersten beiden Dritteln der Eröffnungsphase, eindeutig ab. Die Wehen, die dabei nötig sind, den Muttermund vollständig zu öffnen, wurden weitaus weniger schmerzhaft wahrgenommen. Aus diesem Grund konnte häufig auf zusätzliche Schmerzmittel verzichtet werden, so dass die Frauen die Geburt Ihres Kindes aktiv miterleben und -gestalten konnten.
- Die gesamte Dauer des Geburtsvorgangs – von der ersten Eröffnungswehe bis zum Hinausschieben des Kindes – verkürzte sich um durchschnittlich zwei Stunden.
- Im Vergleich zu anderen Frauen benötigen Gebärende, die sich bei der Geburt des Autogenen Trainings bedienen, um etwa 30 Prozent weniger Wehentätigkeit, um ihr Kind auf die Welt zu bringen. Denn sie können die Wehen besser »lenken« und so den Geburtsvorgang beschleunigen.
- Gleichzeitig lassen sich Spannungen abbauen und Müdigkeit überwinden,

TIPP

VISUALISIEREN HILFT

Neben dem Autogenen Training wirkt es sich positiv und beschleunigend auf die Eröffnungs- und Übergangsphase aus, wenn Sie sich vorstellen, dass Sie bei jedem Einatmen die Luft tief in den Bauchraum zum Baby schicken und es so mit reichlich Energie versorgen. Beim Ausatmen lassen Sie die Luft in Gedanken zwischen Ihren Beinen wieder aus dem Körper herausströmen. Visualisieren Sie dabei das Bild einer sich öffnenden Blütenknospe oder eines Wassertropfens, der in einen Teich fällt und immer weitere Kreise bildet. Allein durch die Kraft Ihrer Gedanken können Sie den Muttermund so anregen, sich mit jeder Wehe ein Stückchen mehr zu öffnen.

denn dank des Autogenen Trainings können Sie quasi auf Kommando entspannen. So wird nicht nur der Wehenschmerz erträglicher, auch die Zeit zwischen den einzelnen Wehen lässt sich bewusst dazu nutzen, neue Kraft für den nächsten Schub zu tanken.

Schmerztherapie

»Schmerz ist immer sowohl ein körperliches als auch ein seelisches Geschehen zugleich.« (D. Langen)

Schmerz ist ein Phänomen, das mit naturwissenschaftlichen Methoden nie vollständig erfass- oder messbar ist. Immer ist er zusammengesetzt aus einem den Schmerz verursachenden Reiz als Sender und dem Bewusstsein des Betroffenen als Empfänger. Die Schmerzempfindlichkeit, also die Reizschwelle für einen Schmerz, ist dabei individuell verschieden. Darüber hinaus schwankt die Fähigkeit eines Menschen, Schmerzen zu ertragen, mit seiner jeweiligen seelischen Verfassung. Ist das Allgemeinbefinden schlecht und die seelische Verfassung labil, dann kann ein Schmerz intensiver empfunden werden als in einer Phase ausgeglichener Gelassenheit und guter körperlicher Verfassung. Und das völlig unabhängig davon, ob der Reiz, von dem der Schmerz ausgeht, ähnlich ist oder nicht. Auch die Tageszeit spielt beim Schmerzerlebnis eine Rolle: Am frühen Nachmittag (gegen 14.00 Uhr) ist es am geringsten, nachts dagegen am stärksten.

Auf einen so starken Reiz, wie er durch Schmerz ausgelöst werden kann, reagiert das vegetative Nervensystem unter anderem mit Atembeschleunigung, Anstieg der Herzfrequenz und Schweißausbruch. Die nachweisliche therapeutische Wirkung des Autogenen Trainings auf die außerordentlich komplexe Natur verschiedenartiger Schmerzen lässt sich vor allem durch zwei Mechanismen erklären:

- Psychologisch: Wie bereits erklärt, führt das Autogene Training zu einer Einengung des Bewusstseins. Es gelingt dem Übenden zunehmend, seine Gedanken auf einen selbst gewählten Punkt zu fixieren; alle übrigen Gedanken und Wahrnehmungen geraten dabei ins Halbdunkel – so auch der Schmerz. Das Beispiel von der allmählichen Abdunkelung einer Bühne erläutert das Prinzip anschaulich (siehe Seite 52).
- Physiologisch: Die Muskelentspannung führt zu einer Abnahme der zentripetalen Weckreaktion (siehe Seite 66), wodurch der allgemeine Wachheitsgrad (Vigilanz) gesenkt wird. Dies wiederum wird bestimmten Gehirnzentren mitgeteilt, in denen der Sitz der Schmerzempfindung und der gefühlsmäßigen (so genannten affektiven) Schmerzwahrnehmung und -verarbeitung angenommen wird. Die affektive Resonanzdämpfung des Autogenen

Trainings führt so zu einer Entkopplung des Schmerzerlebnisses – das subjektive Schmerzempfindung und die Schmerzlokalisierung werden dadurch entflochten. Vereinfacht gesagt lässt sich die Wirkung so erklären, dass der Betroffene den Schmerz zwar spürt, aber dieser ihm nicht mehr so wehtut.

Narkose und Schmerzlinderung

Die schmerzlindernde Wirkung des Autogenen Trainings spielt vor allem in der Anästhesie eine Rolle. Bei der Gabe von Narkosemitteln und gleichzeitiger Anwendung des Autogenen Trainings werden nämlich weniger Medikamente zur Schmerzausschaltung gebraucht. Dieser Tatsache ist es zu verdanken, dass vor allem chronische Schmerzzustände, die eine langfristige Einnahme von hoch dosierten Schmerzmitteln erfordern, durch Autogenes Training positiv beeinflusst werden können.
Zahnschmerzen und übertriebene Angst beziehungsweise Schmerzen bei einer zahnärztlichen Behandlung lassen sich durch Autogenes Training ebenso vermindern oder beheben wie verschiedene Formen von Kopfschmerzen. Vor allem beim Spannungskopfschmerz führt das Autogene Training auch aufgrund seiner Gefäßwirksamkeit häufig zu Schmerzfreiheit. Denn bei psychischer Anspannung erhöht sich die Blutzufuhr zum Kopf – und das verursacht Schmerzen. Dagegen kann die Vorstellung von Kühle wahre Wunder bewirken. Gleichzeitig kann die Wärme-Übung helfen, verkrampfte Nackenmuskeln zu lösen, die häufig Ursache von Spannungskopfschmerzen sind.
Selbst gegen die besonders schmerzhaften Migräneanfälle hat sich Autogenes Training bewährt. Denn auch bei diesem Krankheitsbild verengen sich die Blutgefäße im Gehirn, während sich die großen Kopfarterien erweitern. Da gleichzeitig die Schmerzschwelle sinkt, wird die anschließende Attacke als besonders heftig empfunden. Hier ist die gefäßregulierende Wirkung von Autogenem Training wiederum ein gutes Gegenmittel. Oft lässt sich der Schmerz sogar schon dadurch abmildern, indem Sie bei den ersten Anzeichen eine geeignete Übung machen. Darüber hinaus hilft Ihnen das Training, auch in den schmerzfreien Phasen vorzubeugen. Denn neben erblich bedingten Faktoren und Hormonschwankungen spielen vor allem Überlastung und Reizüberflutung eine wichtige Rolle bei der Entstehung von Migräne, weshalb gerade besonders ehrgeizige Menschen, die sich nur schlecht entspannen können, von ihr betroffen sind. Übrigens ist dies ebenfalls bei »normalen« Spannungskopfschmerzen der Fall. Hier helfen die Grundübungen, zwischendurch regelmäßig eine Auszeit zu nehmen, innere Ruhe zu finden und so Kopfschmerzen vorzubeugen.

Wann Autogenes Training nicht helfen kann

Zum Schluss bleibt die Frage, bei welchen Erkrankungen eine Behandlung mit Autogenem Training nicht anzuraten ist, beziehungsweise bei welchen Erkrankungen die Methode unter Umständen sogar kontraindiziert ist.

Schwere Depression, Schizophrenie und andere Psychosen

Die echten Gemüts- und Geisteskrankheiten können nur in Ausnahmefällen mit Hilfe des Autogenen Trainings behandelt werden. Für Patienten, die an einer endogenen Depression, einer Schizophrenie oder einer körperlich begründbaren Psychose leiden, wie sie bei Hirntumoren oder schweren Hirnverletzungen auftreten kann, kommt Autogenes Training als Therapeutikum nicht in Frage.

Zwangssyndrom

Neben Patienten mit diesen echten Geistes- und Gemütskrankheiten ist eine weitere Gruppe von Patienten zu erwähnen, die durch eine abnorm gesteigerte Gewissenhaftigkeit charakterisiert ist. Die Wissenschaft bezeichnet dieses Krankheitsbild als Zwangssyndrom. Bei leichteren Formen kann die Durchführung des Autogenen Trainings zwar versucht werden, bei allen schwereren aber sollte es nicht praktiziert werden. Denn gerade die abnorm gesteigerte Gewissenhaftigkeit der Betroffenen und ihr ständiges Bedürfnis, Vorgänge zu kontrollieren, stehen der im Autogenen Training geforderten passiven Konzentration entgegen: Je mehr Mühe oder gar Verbissenheit Sie in die Realisierung verschiedener Phänomene des Autogenen Trainings setzen, desto weniger erreichen Sie.

Herzinfarkt und Herzleiden

Bei frischen Herzinfarkten und dekompensierten Herzleiden ist eine Zurückhaltung in der Anwendung des Autogenen Trainings zunächst zu empfehlen – auch wenn in der weiterführenden Therapie durchaus Erfolge erzielt werden können (siehe Seite 100 ff.). Bei beiden Krankheiten kann jedoch davon ausgegangen werden, dass sich der Patient in strenger klinischer Behandlung befindet – in jedem einzelnen Fall muss der behandelnde Arzt die Entscheidung treffen, ob durch die Anwendung von Autogenem Training eine Hilfe zu erwarten ist.
Wir erleben es jedoch immer wieder, dass Autogenes Training selbst in aussichtslosen Fällen eine Hilfe darstellen kann, weil es den Einzelnen infolge der Selbstversenkung in die Lage versetzt, schwere Krankheitszustände wenn schon nicht zu überwinden, so doch besser zu ertragen.

PRAKTISCHE HILFE

Ich leide in regelmäßigen Abständen an Kopfschmerzen. Kann Autogenes Training dagegen helfen?

In den meisten Fällen ja. Selbst in schweren Fällen können Sie – wenn Sie das Autogene Training beherrschen – die Einnahme von Schmerzmitteln stark reduzieren oder sogar ganz darauf verzichten. Zunächst müssen Sie jedoch gemeinsam mit Ihrem Arzt klären, ob organische Ursachen für die Beschwerden auszuschließen sind. Ist dies der Fall, kann allein schon die Entspannung, die mit dem Autogenen Training einhergeht, die Schmerzen lindern. Durch entsprechende Formeln lässt sich dieser Effekt noch verstärken. Das Wort »kühl« beispielsweise hat sich gerade in Hinblick auf Kopfweh als äußerst hilfreich bewährt. Sitzt der Schmerz eher im hinteren Bereich des Kopfes, kann ein verspannter Nacken für ihn verantwortlich sein. Hier hilft eine Formel, die diese Partie »erwärmt« (etwa: »Nacken warm, Stirn kühl, Kopf frei«). Wenn Sie unter einseitiger Migräne leiden, empfiehlt es sich, auch die jeweilige Seite in Ihrem selbst gewählten Leitspruch zu benennen, zum Beispiel »Rechte Stirn kühl und frei«.

Mein Mann ist sehr impulsiv und leidet – wie die ganze Familie – unter seinen Wutausbrüchen. Lassen sich die Gefühle mit Hilfe einer Entspannungstechnik wie dem Autogenen Training besser kontrollieren?

Explosionsartig sich entladender Zorn, der oftmals durch nahezu nichtige Anlässe ausgelöst wird, ist in vielen Fällen nicht nur für die Umwelt äußerst unangenehm, sondern auch für den Betroffenen selbst. Wenn man wie Ihr Mann schnell die Selbstbeherrschung verliert, ist jedoch nicht übertriebene Stärke der Grund. Vielmehr ist in vielen Fällen eine (verdrängte) Angst die Ursache für den Wutausbruch. Durch Autogenes Training können Sie zum einen lernen, die eigenen Ängste zu erkennen und sich ihnen zu stellen. Zum anderen haben Sie damit ein Instrument in der Hand, dass der Zorn in kritischen Situationen keine unkontrollierte Macht über Sie gewinnt. Eine passende Formel wäre etwa »Abstand und Gelassenheit in jeder Situation«.

Beim Üben schwellen meine Finger leicht an. Was kann ich dagegen tun?

Tun Sie gar nichts. Wenn die Finger etwas dicker werden, ist das nämlich ein positives Zeichen und eine Folge der Wärme-Übung. Das Gleiche gilt, wenn es in den Armen oder Beinen kribbelt. Denn durch die gefäßerweiternde Wirkung des Autogenen Trainings wird die Durchblutung angeregt.

Muss ich ein erfahrener Profi im Autogenen Training sein, um mit dieser Methode Schmerzen zu lindern?

Nein, schon die Grundübungen in ihrer vereinfachten Form, wie Sie sie in diesem Buch kennen gelernt haben, helfen, sich zu entspannen und so den Schmerz erträglicher zu machen. Sie können beispielsweise damit die Aufmerksamkeit von der betroffenen Partie abziehen, indem Sie sich auf eine andere Körperstelle konzentrieren und alles andere ausblenden. Auch Vorsatzformeln können wirken. Das Ganze funktioniert, weil Autogenes Training im Gehirn auf die Schaltstelle für Gefühle wirkt. Der Thalamus verarbeitet das Signal, dass etwa eine Entzündung oder Verletzung wehtut. Mit der richtigen Formel können Sie dieses Wehgefühl verhindern, und das erleichtert in vielen Fällen den Schmerz.

Ich bin auf der Suche nach einer Gruppe, in der ich das Autogene Training unter Anleitung eines erfahrenen Lehrers üben kann. Woran erkenne ich einen guten Kurs?

In der Tat gibt es ein paar Punkte, an denen sich die Qualität eines Kurses erkennen lässt. Zum einen sollte es sich um eine kleine Gruppe handeln, damit der Lehrer individuell auf jeden einzelnen seiner Schüler eingehen und auch während des Übens auftretende Probleme und Fragen beantworten kann. Eine angenehme Atmosphäre ist wichtig, da unpersönliche Räume (etwa eine Turnhalle) das Entspannen erschweren. Sie haben dann oft auch Hemmungen, offen über Ihre Beschwerden zu sprechen. Darüber hinaus ist es wichtig, nicht nur im Liegen zu üben, sondern auch im Sitzen. Denn gerade diese Methode werden Sie im Alltag weitaus öfter anwenden. Und noch etwas spielt eine Rolle: Die Kursteilnehmer sollten die Formeln intensiv selbst denken. Spricht sie nur der Kursleiter, wird es Ihnen schwer fallen, auch allein loszulassen. Sie brauchen dann seine Stimme als Entspannungshilfe.

Genügt es, mich unmittelbar vor einer problematischen Situation kurz mit Autogenem Training zu entspannen?

Ja und nein. Natürlich kann Autogenes Training helfen, beispielsweise spannungs- oder angstgeladene Momente zu relativieren. Dies gelingt aber nur, wenn Sie die Technik beherrschen. Und dazu müssen Sie regelmäßig dreimal täglich die Grundübungen machen – morgens, mittags und abends. Üben Sie zu einer Zeit, in der Sie einige Minuten für sich allein haben, nicht gestört werden und nicht unter Zeitdruck stehen. Denn der dadurch entstehende Stress wirkt der Entspannung vehement entgegen.

Zum Nachschlagen

Bücher, die weiterhelfen

> **Binder, H. und K.:** *Autogenes Training. Basispsychotherapeutikum. Ein Weg zum Entspannen und zum Selbst;* Deutscher Ärzteverlag, Köln

> **Brenner, H.:** *Autogenes Training Oberstufe, Wege in die Meditation;* Trias, Stuttgart

> **Deter, H.-Ch. (Hg.):** *Psychosomatik am Beginn des 21. Jahrhunderts. Chancen einer biopsychosozialen Medizin;* Verlag Hans Huber, Bern

> **Hoffmann, B.:** *Handbuch Autogenes Training;* dtv, München

> **Jäger, G.:** *Selbsthilfe durch Autogenes Training;* Humboldt-Taschenbuchverlag, München

> **Rudolf, G., u. a.:** *Psychotherapeutische Medizin und Psychosomatik. Ein einführendes Lehrbuch auf psychodynamischer Grundlage;* Thieme Verlag, Stuttgart

> **Schultz, J. H.:** *Das Original-Übungsheft für das Autogene Training;* Trias, Stuttgart

> **Senf, W., u. a. (Hg.):** *Praxis der Psychotherapie. Ein integratives Lehrbuch;* Thieme Verlag, Stuttgart

Bücher aus dem GRÄFE UND UNZER VERLAG, München

> **Gensler, P.:** *Kinesiologie (mit CD)*

> **Grasberger, D.:** *Autogenes Training* (mit CD)

> **Johnen, W.:** *Muskelentspannung nach Jacobson*

> **Koneberg, L./Förder, G.:** *Kinesiologie für Kinder*

> **Lesch, M./Förder, G.:** *Kinesiologie. Aus dem Stress in die Balance*

> **Mannschatz, M.:** *Meditation – Mehr Klarheit und innere Ruhe* (mit CD)

> **Peiseler, G.-J.:** *Autogenes Heilen*

> **Schutt, K.:** *Massagen*

> **Trökes, A.:** *Das große Yoga-Buch*

> **Trökes, A.:** *Yoga für Rücken, Schulter und Nacken*

> **Trökes, A.:***Yoga – Mehr Energie und Ruhe* (mit CD)

> **Waesse, H.:** *Yoga für Einsteiger*

> **Wagner, F.:** *Akupressur – Heilung auf den Punkt gebracht*

> **Wagner, F.:** *Reflexzonenmassage*

Wissenschaftliche Publikationen

> **Stetter, F.:** *Autogenes Training ist wirksam;* neuro date 123 (2002)

> **Stetter, F.:** *Autogenes Training. Wie wirkt es und bei welchen Patienten;* Zt. Allg. Medizin Hippokrates (1996)

> **Stetter, F.:** *Entspannungsverfahren: Autogenes Training und Progressive Relaxation;* Thieme Verlag, Stuttgart

> **Stetter, F.:** *Was geschieht, ist gut. Entspannungsverfahren in der Psychiatrie;* Psychotherapeut 4 (1998) (Diese Arbeit ist Dietrich Langen gewidmet)

Adressen, die weiterhelfen

Unter folgenden Adressen finden Sie die Landesstellen der Deutschen Gesellschaft für Ärztliche Hypnose und Autogenes Training. Dort nennt man Ihnen gerne weitere Fachleute in Ihrer Nähe.

> **Dr. med. H. Sikorski**
Thiemstr. 111
03048 Cottbus

> **Frau Dr. med. A. Bürmann-Plümpe**
Hildegardstr. 31
10715 Berlin

> **Frau Dr. med. C. Adolphsen**
Wismarsche Str. 393–397
19055 Schwerin

> **Dr. med. P. Halama**
Berner Heerweg 175
22159 Hamburg

> **Dr. med. E. Schröder**
Sierichstr. 66
22301 Hamburg

> **Frau Dr. med. U. Burhorn**
Breite Str. 11
23552 Lübeck

> **Dr. med. R. Bauß**
Stadskanaal Nr. 1
28865 Lilienthal

> **Dr. med. A. Schelper**
Weststr. 16
29640 Schneverdingen

> **Dr. med. W.-R. Krause**
Thiestr. 2–10
38889 Blankenburg

> **Frau Dr. med. M. Herma-Boeters**
Eugenstr. 6
41751 Viersen

> **Frau Prof. Dr. med. W. Kruse**
Kirchberg 4
52076 Aachen

> **Dr. med. S. Stephan**
Vogelsbergstr. 63
55129 Mainz

> **H. Glück**
Philippshospital 7
64560 Riedstadt

> **Dr. med. G. Wermke**
Talstr. 35–37
66424 Homburg/Saar

> **Dr. med. M. Abel**
Calwer Str. 25
70173 Stuttgart

> **Frau Dr. med. S. Kindler-Doleschel**
Hubertusstr. 11d
82031 Grünwald

> **Dr. med. M. Ullmann**
Theodor-Heuss-Platz 1
86150 Augsburg

> **Dr. med. J. Franz**
Sieveringer Str. 169
A-1190 Wien

> **Österreichische Gesellschaft für Autogenes Training und allgemeine Psychotherapie (ÖGATAP)**
Kaiserstr. 14/13
A-1070 Wien

> **Gesellschaft für therapeutische Hypnose und Hypnoseforschung e. V. (GTH)**
Frau F. Bernard
Zentralstr. 15
CH-8003 Zürich
www.gth.ch

Internetlinks, die weiterhelfen

> **www.dgaehat.de**

Ausführliche Homepage unter anderem mit den Mitgliedern der Deutschen Gesellschaft für Ärztliche Hypnose und Autogenes Training.

> **www.entspannungsverfahren.com**

Homepage der Psychologischen Fachgruppe Entspannungsverfahren Autogenes Training, Progressive Relaxation, Hypnose, Biofeedback, die im Rahmen der Sektion Klinische Psychologie im Berufsverband Deutscher Psychologinnen und Psychologen e. V. (BDP) arbeitet.

> **www.heilpraktikerverband.de**

Unter »Naturheilverfahren« finden Sie neben Infos zum Autogenen Training viele Vorschläge für bewährte individuelle Formeln.

Sachregister

Impressum

Wichtiger Hinweis

Die Gedanken, Methoden und Anregungen in diesem Buch stellen die Meinung bzw. Erfahrung der Verfasser dar. Sie wurden von den Autoren nach bestem Wissen erstellt und mit größtmöglicher Sorgfalt geprüft. Sie bieten jedoch keinen Ersatz für kompetenten medizinischen Rat. Jede Leserin, jeder Leser ist für das eigene Tun und Lassen auch weiterhin selbst verantwortlich. Weder Autoren noch Verlag können für eventuelle Nachteile oder Schäden, die aus den im Buch gegebenen praktischen Hinweisen resultieren, eine Haftung übernehmen.

ISBN 978-3-7742-7416-7

4. Auflage 2008

GRÄFE UND UNZER

Ein Unternehmen der
GANSKE VERLAGSGRUPPE

Programmleitung:
Ulrich Ehrlenspiel
Redaktion: Barbara Fellenberg
Lektorat: Sylvie Hinderberger
Bildredaktion: Henrike Schechter
Fotos:
Corbis: S. 76, 105, U4 li.;
GU: S. 1 (Andreas Hoernisch), 47 (Michael Leis), 100 (Leonhard Lenz), Cover, S. 36, 37, 44, 45, 46, 59, 96, 128 (Jan Rickers);
Iconica: U4 re.;
IFA-Bilderteam: S. 3, 38, 62, 70, 113;
Jump: S. 30, 48, U3;
Mauritius: S. 2, 8, 12, 32, 74, 81, 99, 110;
Medicalpicture: S. 27;
Photonica: S. 89;
Superbild: S. 94;
Zefa: S. 4, 6, 20, 50, 67, 83
Layout: independent Medien-Design, Claudia Ehrl
Umschlaggestaltung: independent Medien-Design, Claudia Hautkappe
Herstellung: Petra Roth
Satz: Christopher Hammond, München
Lithos: Repro Ludwig, Zell am See
Druck: Appl, Wemding
Bindung: Sellier, Freising

Die GU-Homepage finden Sie unter www.gu-online.de

Umwelthinweis

Dieses Buch wurde auf chlorfrei gebleichtem Papier gedruckt. Um Rohstoffe zu sparen, haben wir auf Folienverpackung verzichtet.

DAS ORIGINAL GU MIT GARANTIE

Unsere Garantie

Alle Informationen in diesem Ratgeber sind sorgfältig und gewissenhaft geprüft. Sollte dennoch einmal ein Fehler enthalten sein, schicken Sie uns das Buch mit dem entsprechenden Hinweis an unseren Leserservice zurück. Wir tauschen Ihnen den GU-Ratgeber gegen einen anderen zum gleichen oder ähnlichen Thema um.

Liebe Leserin und lieber Leser,

wir freuen uns, dass Sie sich für ein GU-Buch entschieden haben. Mit Ihrem Kauf setzen Sie auf die Qualität, Kompetenz und Aktualität unserer Ratgeber. Dafür sagen wir Danke! Wir wollen als führender Ratgeberverlag noch besser werden. Daher ist uns Ihre Meinung wichtig. Bitte senden Sie uns Ihre Anregungen, Ihre Kritik oder Ihr Lob zu unseren Büchern. Haben Sie Fragen oder benötigen Sie weiteren Rat zum Thema? Wir freuen uns auf Ihre Nachricht!

Wir sind für Sie da!
Montag – Donnerstag: 8.00 – 18.00 Uhr;
Freitag: 8.00 – 16.00 Uhr
Tel.: 0180-5005054*
Fax: 0180-5012054*
*(0,14 €/Min. aus dem dt. Festnetz/ Mobilfunkpreise können abweichen.)
E-Mail:
leserservice@graefe-und-unzer.de

P.S.: Wollen Sie noch mehr Aktuelles von GU wissen, dann abonnieren Sie doch unseren kostenlosen GU-Online-Newsletter und/oder unsere kostenlosen Kundenmagazine.

GRÄFE UND UNZER VERLAG
Leserservice
Postfach 86 03 13
81630 München

Das Wichtigste auf einen Blick

ENTSPANNUNG TOTAL

Das Autogene Training ist eine ganzheitliche Entspannungsmethode, die beruhigend, lösend und regenerierend auf Körper, Seele und Geist wirkt. Die Reize der Außenwelt verlieren an Bedeutung, negative Gefühle werden zusehends unwichtig, und Sie können auch in schwierigen Situationen weitaus gelassener reagieren.

Individuelle Formeln

Mit Hilfe so genannter individueller Formeln können Sie persönliche Probleme besser bewältigen. Sie schalten störende Reize aus, setzen sich bestimmte Ziele und finden so mit der Zeit eine positivere Einstellung zu sich selbst. Ganz wichtig: Arbeiten Sie mit den individuellen Formeln erst dann, wenn Sie die Grundübungen sicher beherrschen. Nur wenn die Entspannung von Muskeln, Gefäßen und Psyche durch die Ruhe-, Schwere-, Wärme- und Atem-Übungen eingetreten ist, lassen sich Alltagsprobleme bewältigen.

Dreimal täglich

Das Wichtigste beim Autogenen Training ist das regelmäßige Üben – am besten dreimal täglich: morgens nach dem Aufwachen, mittags und abends vor dem Schlafengehen. Suchen Sie sich dazu einen ruhigen Platz, an dem Sie nicht gestört werden, und machen Sie es sich für die nächsten zwei bis drei Minuten richtig bequem.